EL DR. DOBSON CONTESTA SUS PREGUNTAS

Familias confiadas

Volumen

2

EDITORIAL
UNILIT

Publicado por
Editorial **Unilit**
Miami, Fl. 33172
© 1997 Derechos reservados

Primera edición 1997

Copyright © 1982 por James C. Dobson
Publicado en inglés con el título:
Dr. Dobson Answers Your Questions: Confident Families
Living Books: Tyndale House Publishers, Inc.
Wheaton, Illinois
Todos los derechos reservados. Se necesita permiso escrito
de los editores, para la reproducción de porciones del libro,
excepto para citas breves en artículos de análisis crítico.

Traducción: Luis Marauri

Citas Bíblicas tomadas de la versión Reina Valera,
Revisión 1960 © Sociedades Bíblicas Unidas,
La Biblia de las Américas
© 1986 The Lockman Foundation
La Biblia al Día
© 1979 Living Bible International
Usadas con permiso

Producto 497460
ISBN-0-7899-0030-0
Impreso en Colombia
Printed in Colombia

Contenido

Dedicatoria

Con cariño dedico este libro a los colegas profesionales y miembros del personal que me ayudan a dirigir las actividades de nuestro ministerio, sin fines de lucro: Focus on the Family (Enfoque a la Familia). Paul Nelson, Gil Moegerle, Peb Jackson, Rolf Zettersten, Mike Trout, y otros 360 colaboradores y amigos están profundamente dedicados a los principios y valores expresados a través de este libro.

Por lo tanto, es totalmente apropiado que aproveche esta oportunidad para expresarles mi agradecimiento por sus esmerados esfuerzos con el fin de preservar a la institución de la familia.

Introducción

Durante el verano de 1981, mi familia y yo, junto con otras dos familias, dimos un viaje en balsa por las aguas rápidas del hermoso río Rogue en Oregón. Esos tres días de aguas agitadas y un sol abrasador se convirtieron en una de las experiencias más emocionantes de nuestras vidas... y quizá, ¡la última para mí! Precisamente antes de ir en ese viaje, nuestro anfitrión, el doctor Richard Hosley, me dijo que "el río es siempre el jefe". Cuarenta y ocho horas después supe lo que él quiso decir.

En vez de flotar en la balsa por 80 kilómetros en relativa serenidad y seguridad, decidí remar detrás de ella en una canoa plástica que medía aproximadamente dos metros de largo. Y en la segunda tarde de nuestro viaje, insistí en remar por la parte más peligrosa del río. Esa fue una mala decisión.

Delante de nosotros se encontraba una parte del río conocida como la "cafetera"; le han dado ese nombre porque las paredes rocosas que hay a lo largo de las orillas, se hacen más estrechas allí, creando una corriente muy agitada e incierta que, según se sabe, ha arrastrado inesperadamente a pequeños botes bajo la superficie. La verdad es que el verano anterior, un hombre se había ahogado en ese lugar. Sin embargo, remé confiadamente en dirección a los rápidos, sin darme cuenta en absoluto del peligro.

Durante los primeros minutos, antes que todo cambiara de repente, me pareció que yo estaba manejando muy bien la situación. Cuando menos lo esperaba, fui golpeado por la contracorriente, que rebotó por encima de una enorme roca y me hundió en aquellas aguas turbulentas. Me pareció que había pasado una eternidad hasta que regresé a la superficie, sólo para encontrarme con que no podía respirar. Un pañuelo, que había tenido alrededor del cuello, me cubría ahora la boca, y mis anteojos estaban encima de él, sujetándolo allí. Cuando finalmente pude librarme de aquel pañuelo y respirar con dificultad, el agua volvió a golpearme la cara, y mitad del río se metió dentro de mis pulmones. Subí a la superficie, tosiendo y escupiendo, antes de volver a hundirme en el agua. Para entonces, estaba desesperado por respirar, y me daba cuenta de que la "cafetera" se encontraba a sólo unos cien metros río abajo.

Se apoderó de mí un pánico como nunca había sentido desde que era niño. Aunque probablemente mi chaleco salvavidas garantizaba mi supervivencia, pensé que definitivamente existía la posibilidad de que me ahogara. Sin poder hacer nada, mis familiares y amigos veían desde la balsa cómo era arrastrado a través de los rápidos hasta la parte más estrecha del río.

El doctor Hosley, haciendo uso de su increíble habilidad para guiar la balsa, consiguió "detenerla" hasta que pude flotar junto a ella y agarrar la cuerda que rodeaba su parte superior. Entonces, mientras éramos lanzados de un lado a otro, levanté los pies poniéndolos sobre una de las rocas, y me impulsé hasta que logré subirme a la balsa, evitando un golpe que me habría aplastado contra las paredes rocosas de la orilla. ¡Puedo asegurarle que viajé en la seguridad de la balsa por varios kilómetros sin mover ni un músculo!

Después que esa crisis había pasado, me puse a pensar en la total impotencia que sentí durante aquellos momentos en los que fui como un juguete del río. Mi vida estuvo por completo fuera de control, y todo tuvo un valor enorme para mí, hasta respirar una bocanada de aire fresco. Entonces reflexioné sobre un pánico parecido al que yo había sentido, y que las personas a las que aconsejo personalmente, así como muchas de las que me escriben cartas, lo mencionan con frecuencia. Actualmente recibo miles de cartas diariamente, y una gran cantidad de ellas reflejan la misma impotencia y falta de control que sentí en el río Rogue. En realidad, es adecuada la analogía entre "ahogarse" y lo que estas personas sienten. A menudo, las personas afligidas usan precisamente ese término para describir la experiencia de estar hundidos en drogas, infidelidad, alcoholismo, divorcio, impedimentos físicos, enfermedades mentales, rebelión de la adolescencia, o baja autoestima. Y río abajo hay peligros aun más grandes.

No todos los que expresan esta clase de angustia son adultos que han tenido tiempo para madurar y percibir la vida desde la perspectiva de una persona mayor. Algunos son niños y adolescentes que están tratando de enfrentarse de la mejor manera posible a los problemas que tienen. Y para muchos, hoy en día, parece que su única alternativa es el suicidio, que es realmente la manifestación suprema del odio que una persona siente de sí misma. Preste atención a la siguiente carta que recibí de un jovencito, al que llamaré: Rogelio.

> Estimado doctor Dobson:
> Hola, tengo once años. Estoy al entrar en el sexto grado. Acabo de leer su libro: "Preparémonos para la adolescencia", y quiero que sepa que me ayudó mucho.
> Cuando estaba en quinto grado salía con una muchacha, pero ella se peleó conmigo. *Yo tenía problemas familiares.* [Énfasis agregado.] Así que traté de ahorcarme. Bueno, sentí un dolor muy grande en el cuello. Entonces llegó el momento en que no podía respirar. Me di cuenta de que yo quería seguir viviendo. Así que solté la soga. Y ahora Dios y yo estamos luchando juntos.
>
> Le quiere, Rogelio

P.D. No he usado drogas, y nunca pienso usarlas.
Me han invitado a usarlas pero he dicho que no.
Algunas personas me respetan, otras piensan que soy
un cobarde, pero no me importa.

Cada carta como ésta, que recibo de una persona desesperada, representa a miles de individuos con problemas similares pero nunca llegan a escribirme. Y la fuente principal de
su angustia son los problemas dentro de la familia. (Note la
referencia imprecisa de Rogelio a sus problemas en el hogar.
Nos podemos imaginar que desempeñaron un papel fundamental en su intento de suicidio.) Las familias están experimentando un período increíble de desintegración, que amenaza a toda la superestructura de nuestra sociedad, y debemos
dar los pasos que sean necesarios para asegurar su integridad.

La importancia apremiante de esta misión se ha convertido
en la pasión de mi vida profesional. Mi mayor deseo es servir
al Dios de mis padres contribuyendo a la estabilidad y armonía de las familias en todo lo que sea posible. Si puedo
impedir que sólo un niño experimente la pesadilla de los
conflictos entre los padres, el divorcio, las audiencias sobre
la custodia de los hijos y el daño causado por el dolor
emocional, entonces no habré vivido mi vida en vano. Si
puedo sacar a sólo un viajero de las turbulentas aguas que
amenazan con hundirle, entonces mi trabajo tiene un verdadero propósito y significado. Si puedo guiar a sólo un ser
humano perdido a los pies de Jesucristo, el dador de la vida,
entonces no necesito ninguna otra justificación para mi
existencia terrenal.

Esto nos trae al libro que usted está por comenzar a leer,
el cual es resultado de la misión que he descrito. La filosofía
que se encuentra detrás de las recomendaciones ofrecidas en
este libro se basa en la mejor información sicológica disponible y está de acuerdo con los mandamientos y valores provistos por nuestro Creador.

Espero que este libro le sirva de ayuda, ya sea que usted esté desesperado tratando de respirar o flotando tranquilamente en las aguas rápidas. Gracias por su interés en esta obra, y que Dios continúe bendiciendo su hogar.

James C. Dobson,
Doctor en Filosofía y Letras

1

La fuente de la autoestima
en los niños

¿ **¿Por qué son tan frecuentes en nuestros tiempos los sentimientos de incapacidad e inferioridad entre las personas de todas las edades?**

La epidemia actual de falta de confianza en sí mismo, es resultado de un sistema completamente injusto e innecesario, para calcular el valor del ser humano. No todas las personas son vistas como valiosas; no todas son aceptadas. Más bien, reservamos nuestros elogios y nuestra admiración para unos pocos escogidos, que desde que nacieron han sido bendecidos con las características que consideramos de mayor valor. Es un sistema cruel, y nosotros, como padres, tenemos que contrarrestar su impacto.

Parece que el valor del ser humano en la sociedad está cuidadosamente reservado para los que llegan a satisfacer ciertos requisitos estrictos. Las personas hermosas satisfacen uno de ellos desde que nacieron; los que son muy inteligentes es probable que obtengan la aprobación de los demás; los atletas más destacados son generalmente respetados. Pero ¡nadie es considerado valioso sólo porque *existe*! La aceptación social es concedida muy cuidadosamente, asegurándose de excluir a los que no reúnen las condiciones.

Usted habla de ciertos requisitos precisos por los que las personas señalan el valor humano de otros. ¿Puede decirme cuáles son las características que consideran como más importantes?

A la cabeza de la lista de los atributos más altamente respetados y valorados en nuestra cultura, se encuentra el *atractivo físico*. Los que la poseen con frecuencia reciben honores y hasta son temidos; los que no la poseen, es posible que sean rechazados y sufran por causa de la falta de respeto de otros, sin ninguna culpa de su parte. Aunque parece increíblemente injusto, esta medida del valor humano es evidente desde los primeros momentos de la vida, cuando un niño atractivo es considerado más valioso que uno feo. Por esta razón, no es raro que una madre se sienta muy deprimida poco después del nacimiento de su primer bebé. Ella sabía que la mayoría de los recién nacidos son bastante feos, ¡pero no esperaba semejante desastre! En realidad, tenía la esperanza secreta de que daría a luz a un bebé que se vería como los que muestran en las revistas, después de seis semanas de nacidos, que tienen una alegre sonrisa, con cuatro dientes delanteros y mejillas sonrosadas. En vez de eso, le entregan un pequeño niño rojo, desdentado, calvo y con cara de ciruela, que no deja de chillar y que a menudo le hace sentir deseos de devolverlo. El valor personal de ese bebé, de un día de nacido, es puesto en duda por sus padres.

A medida que el niño crece, su valor como persona será juzgado no sólo por los padres sino también por los de afuera del hogar. Los concursos de belleza, en que se ofrecen becas y premios para los niños hermosos, son ahora algo común, como si el niño que es atractivo no tuviera ya bastantes ventajas esperándole en la vida. Este sistema distorsionado de evaluar a los seres humanos se puede ver en muchos ejemplos. Recuerdo un acontecimiento trágico que ocurrió durante los años sesenta, en Chicago, cuando ocho mujeres que estaban estudiando para enfermeras fueron brutalmente asesinadas. Al día siguiente, un comentarista estaba hablando en la radio del violento suceso, y dijo: "¡Lo que hace mucho peor esta tragedia es que estas ocho muchachas eran muy atractivas!" En otras palabras, las muchachas eran seres humanos más valiosos a causa de su belleza, lo cual hacía que su pérdida fuese más trágica. Si uno acepta esta declaración, entonces lo opuesto es también cierto: los asesinatos habrían sido menos trágicos si las que fueron asesinadas hubieran sido feas. La conclusión, según fue escrita por George Orwell, es inevitable: "Todas las personas son iguales, pero algunas son más iguales que otras".

Lo que quiero demostrar es que desde las primeras experiencias de la vida, un niño comienza a aprender la importancia social de la belleza física. Los valores de la sociedad en que vive no pasan inadvertidos a sus pequeños oídos, y muchos adultos ni siquiera tratan de ocultar sus prejuicios.

¿Cómo comienzan los sentimientos de inferioridad? Parece como que siempre me he sentido insuficiente, pero no recuerdo cuándo comenzó todo.

Usted no recuerda cuándo comenzó todo porque su falta de confianza en sí mismo se originó durante los primeros días de su existencia consciente. Un niño pequeño tiene, desde que nace, una inclinación incontrolable a poner en duda su valor propio; esa inclinación es tan "natural" como su impulso a caminar y hablar. Al principio, se trata de una simple evaluación de su posición en el hogar, y después se extiende hacia fuera, a sus primeros contactos sociales más allá de la puerta de la casa. Estas primeras impresiones, de quién es él, tienen un efecto profundo en su personalidad que está desarrollándose, sobre todo si las experiencias son dolorosas. No es raro que un niño de edad preescolar ya haya llegado a la conclusión de que es terriblemente feo, increíblemente tonto, despreciable, inútil, ridículo o raro.

Estos primeros sentimientos de insuficiencia pueden permanecer relativamente tranquilos y dominados durante los años de la escuela primaria. Están rondando debajo de la mente consciente, y nunca están lejos de darse a conocer. Pero el niño que tiene las mayores dudas de su valor personal constantemente está "acumulando" evidencia de su inferioridad durante esos años. Cada fracaso es registrado con vivos detalles. Todo comentario cruel queda inscrito en su memoria. El rechazo y el ridículo arañan y rasgan su delicado ego durante todos esos años "tranquilos". Y entonces, llega la adolescencia, y su mundo explota desde su interior. Toda la evidencia acumulada revive y es empujada hacia dentro de su mente consciente con la fuerza de un volcán. Tendrá que enfrentarse con esa experiencia por el resto de su vida. ¿Ha hecho usted lo mismo?

¿ **¿Por qué ahora las personas parecen estar más conscientes que en el pasado de sus defectos e insuficiencias físicas? ¿Cuál es la causa de la "epidemia" de sentimientos de inferioridad que usted ha descrito?**

Yo creo que este tremendo énfasis en el atractivo físico es un efecto secundario de la revolución sexual que está teniendo lugar a nuestro alrededor. Nuestra sociedad ha sido sobrecargada eróticamente desde mediados de los años sesenta, cuando las normas y las restricciones morales tradicionales comenzaron a derrumbarse. La televisión, la radio, el cine, las revistas, las carteleras, los folletos y la ropa, reflejan esta fascinación sin igual, con la sensualidad en sus diferentes formas. Ahora bien, es evidente que cuando en una sociedad el sexo se convierte en un factor de suma importancia, tal como vemos que está ocurriendo en la nuestra, el atractivo sexual adquiere una nueva importancia social. Dicho de manera simple, mientras más saturada de sexo se encuentre una civilización, más premiará la belleza y castigará la fealdad.

Es mi opinión que este aumento de sensualidad está produciendo una enorme cantidad de víctimas emocionales entre las personas que están muy conscientes de su incapacidad para competir en el juego de la coquetería. Si la belleza se compara con el dinero, es decir, si es la moneda de oro que vale, entonces estas personas se encuentran en un estado de ruina innegable. Y, tristemente, los niños pequeños son las víctimas más vulnerables de este absurdo sistema de evaluar a los seres humanos, porque están demasiado jóvenes para comprender, demasiado inmaduros para compensar sus deficiencias y demasiado golpeados para defenderse.

¿ Yo entiendo cómo la sociedad señala el valor de un niño basándose en su atractivo físico. Pero ¿cómo se entera *el niño* de esa evaluación tan temprano? ¿Por qué medios es transmitida esa actitud cultural a los niños de edad preescolar?

Es difícil que los niños no se den cuenta de esa evaluación en el mundo que los rodea. ¡Sólo una niña que fuera tonta no se daría cuenta de que las feas no ganan concursos de belleza; las feas no son elegidas como animadoras en los eventos deportivos; las feas rara vez son protagonistas en las películas; las feas quizá no se casan; las feas tienen menos amigos; las feas son menos deseables! Además, al examinar la literatura tradicional de la infancia, me sorprendió ver cuántas de las historias, incluso las más antiguas, tienen que ver con la belleza física, de una o de otra forma. Consideremos estos ejemplos:

El patito feo. Esta es la conocida historia de un infeliz patito que era rechazado por los patos mejor parecidos. El patito feo se sentía perturbado por su apariencia grotesca. Pero, afortunadamente para él, llevaba dentro de sí un hermoso cisne, que se manifestó al comienzo de su edad adulta. (¡La historia no habla del patito feo que cuando creció se convirtió en un pato feo!) ¿Cuántos niños esperan pacientemente a que aparezca su hermoso cisne, para terminar viendo que las cosas van de mal en peor durante su adolescencia?

Rodolfo el reno de la nariz roja. Rodolfo tenía una nariz muy rara, por lo cual los demás renos lo rechazaban, se burlaban de él, le ponían apodos y no lo dejaban jugar con ellos. Esta historia no tiene nada que ver con los renos, pero sí tiene mucho que ver con los niños. Así es como tratan a los que tienen algunas características físicas diferentes. Los rechazan y se burlan de ellos. La única forma en que los "Rodolfos" de este mundo pueden ser aceptados por los demás es si realizan alguna proeza milagrosa, simbolizada en la historia por el intrépido paseo en trineo en medio de una tormenta de nieve.

Dumbo el elefante. A Dumbo lo ridiculizaban por tener enormes orejas caídas, hasta que las usó para volar. El tema es extraordinariamente parecido a la situación difícil en que se encontraba el pobre Rodolfo. Se presenta repetidamente en la literatura para los niños, debido a que ocurre con mucha frecuencia en las vidas de ellos.

Blanca Nieves y los siete enanitos. La malvada reina hizo la pregunta fatal: "Espejito, espejito, que estás en la pared, ¿quién es la más bella de todas?" Aún no salgo de mi asombro por la estupidez de su pregunta, ¡teniendo en cuenta todas las posibles respuestas que un espejo mágico podría dar! Sin embargo, es evidente la motivación que estaba detrás de la pregunta: la más bella de todas era la persona más noble y digna de la tierra. Tal vez todavía ella está reinando.

La Cenicienta. La principal diferencia entre la Cenicienta y sus dos perversas hermanastras era una cuestión de belleza. Esto se ve claramente en cualquier historia ilustrada de la Cenicienta. Es cierto que la Cenicienta estaba vestida de harapos y despeinada, pero el ingrediente básico estaba presente. No fueron la calabaza y los ratones los que conmovieron al príncipe, cuando la Cenicienta llegó al baile. Podemos estar seguros de que ella era una preciosidad.

Lo que estoy tratando de demostrar es que nosotros somos increíblemente eficaces para enseñarles a los niños, desde que son muy pequeños, la importancia de la belleza personal. ¡*Todos* la aprenden poco después que dejan de ser niños de pecho! Nosotros no podríamos hacerlo mejor si nuestros educadores más capacitados se reunieran para idear un sistema de instrucción que fuera infalible.

¿ ¿Qué papel desempeñan los maestros escolares en enfatizar la importancia del atractivo físico?

Lamentablemente, los maestros son producto de la misma sociedad que moldea los valores y las actitudes de todos los demás. Con frecuencia, sienten repulsión por el niño que no es físicamente atractivo y son atraídos hacia el que tiene un aspecto agradable.

Dos investigadoras, Ellen Berscheid y Elaine Walster, publicaron los resultados sorprendentes de sus investigaciones en un artículo clásico titulado en inglés: "Beauty and the Best" ["La hermosura y lo mejor"], que fue publicado en la revista norteamericana: *Psychology Today* del mes de marzo de 1972. Considere usted el impacto de los siguientes prejuicios contra el niño que no es atractivo:

1. La evidencia parece indicar que el atractivo físico del niño influye en las notas escolares que obtiene.

2. Cuando a varios adultos se les mostraron las fotografías de distintos niños y se les pidió que identificaran al niño que probablemente estaba creando disturbios en la clase o portándose mal, casi siempre escogieron al que no era atractivo. De igual manera, pensaron que el niño feo era más tramposo que sus compañeros atractivos.

3. Según los hallazgos de Karen Dion, la forma en que los adultos manejan un problema que requiere disciplina está relacionada con el atractivo físico del niño. En otras palabras, es muy probable que el *mismo* mal comportamiento sea tratado con mayor tolerancia cuando el niño es de aspecto agradable, y con mayor severidad cuando se trata de uno de los alumnos feos de la clase.

4. Lo más importante (y que coincide con mis observaciones), es que el impacto del atractivo físico se produce desde que los niños están en el kindergarten. Los pequeños de tres

años de edad que son hermosos, disfrutan de gran popularidad entre sus compañeros. Y, lamentablemente, ciertas características físicas, como la gordura, son reconocidas y vistas con desagrado desde esa temprana edad.

¿ **¿Cuáles son las perspectivas para el niño que es muy lindo o hermoso? ¿Son, por lo regular, más fáciles las cosas para él todo el tiempo?**

Tiene algunas ventajas extraordinarias, como he descrito anteriormente. Es mucho más probable que él se aceptará a sí mismo y disfrutará de los beneficios de la seguridad o confianza propia. Sin embargo, también se enfrenta con algunos problemas extraordinarios, que jamás experimenta el niño que es feo. La belleza en nuestra sociedad significa poder, y el poder puede ser peligroso en las manos de una persona inmadura. Por ejemplo, una joven hermosa de 14 años, que prematuramente tiene todo su cuerpo bien formado, puede ser perseguida incesantemente por hombres que quieren aprovecharse de su belleza. A medida que ella se va dando cuenta del poder que ejerce al coquetear, a veces se siente impulsada a la promiscuidad sexual. Además, las mujeres que han sido codiciadas físicamente desde la infancia, como Marilyn Monroe y Brigitte Bardot, pueden volverse amargadas y desilusionadas debido a la despersonalización del culto al cuerpo.

Se han hecho investigaciones que indican también algunas consecuencias interesantes en relación con la estabilidad matrimonial de la "gente hermosa". En un importante estudio, se descubrió que las muchachas que habían sido las más atractivas cuando se encontraban estudiando en la universidad, 25 años más tarde eran menos felices en su vida matrimonial. Al parecer, es difícil reservar el "poder" sexual para el cónyuge, ignorando la gratificación del ego que está esperando fuera del vínculo matrimonial. Y finalmente, mientras más atractiva sea una persona durante el tiempo de su juventud, más doloroso será para ella el proceso de envejecimiento.

Lo que quiero dejar bien claro es que medir el valor personal de acuerdo con una escala de belleza es un error, y a menudo les hace daño tanto a quienes la poseen como a quienes carecen de ella.

¿ **¿Qué es lo que la mayoría de las veces no les gusta a los adolescentes acerca de sí mismos?**

En un importante estudio realizado por E. A. Douvan, titulado: *Adolescent Girls* [Muchachas adolescentes], se hizo la siguiente pregunta a casi 2000 muchachas de edades entre 11 y 18 años: "Si pudieras, ¿qué es lo que más te gustaría cambiar acerca de tu persona: tu aspecto, tu personalidad o tu vida?" Cincuenta y nueve por ciento mencionó algún detalle relacionado con su aspecto físico. (Sólo cuatro por ciento expresó un deseo de poseer mayores habilidades.) La mayor insatisfacción, expresada tanto por los muchachos como las muchachas, tenía que ver con defectos faciales, principalmente problemas de la piel. En un estudio posterior, realizado por H. V. Cobb, se les pidió a muchachos de 11 a 18 años que completaran la siguiente oración: "Quisiera ser..." La mayoría de ellos dijeron: "más alto", y las muchachas dijeron: "más baja". Ciertamente, hay una enorme cantidad de evidencia científica que prueba la preocupación y la insatisfacción que los muchachos tienen con sus características físicas.

¿ **Usted se ha referido al "sistema" de evaluar a las personas en nuestra sociedad, comenzando con el atractivo físico como el atributo principal. ¿Cuál cree usted que sea el segundo en importancia?**

Es la inteligencia, según se manifiesta en la aptitud escolar. Cuando el primer hijo está por nacer, sus padres oran pidiendo que sea un niño o una niña "promedio". Pero, a partir del momento en que nace, no es suficiente que su hijo o hija sea promedio. Debe sobresalir. Debe tener éxito. Debe triunfar. Debe ser el primero de su edad que comience a andar, hablar o montar en triciclo. Debe obtener notas magníficas en la escuela y asombrar a sus maestros con su comprensión y sabiduría. Debe ser el jugador más destacado del equipo de fútbol, y debe ser el muchacho más popular de su clase. Durante todos los años de su desarrollo, los padres le comunican el mismo mensaje día tras día: "Hijo, estamos contando contigo para que hagas algo fantástico, ¡no nos defraudes!"

Según Martha Weinman Lear, autora del libro titulado: *The Child Worshippers* [Los adoradores de niños], los jóvenes son el símbolo más seguro de nuestra posición social. Muchos padres compiten vigorosamente unos con otros para criar a los niños mejor vestidos, mejor alimentados, mejor educados, que reciben mejor atención médica, más cultos y más bien centrados de todo el vecindario. A veces las esperanzas y las ambiciones de toda la familia descansan sobre los hombros de un niño inmaduro. Y en esta atmósfera de intensa competencia, los padres que producen un niño dotado intelectualmente tienen en su mano el billete premiado.

Lamentablemente, los niños excepcionales son precisamente eso: excepciones. Rara vez un niño de cinco años se aprende de memoria toda la Biblia, o compone sinfonías como las de Mozart. Al contrario, ¡una inmensa mayoría de niños no son deslumbrantemente inteligentes, extremadamente ingeniosos o inmensamente populares! Son simplemente niños con una enorme necesidad de que se les ame y se les acepte tal y como son. Así que insistir en que los hijos sobresalgan prepara el escenario para una presión no realista sobre ellos, y considerable decepción para los padres.

¿ **Usted ha afirmado que muchos niños salen de las escuelas convencidos de que carecen de inteligencia y son tontos. ¿Podría explicar por qué este ataque al valor personal afecta a tantos niños hoy en día?**

Hay cinco grandes grupos de niños que constantemente fallan en la escuela, lo cual les lleva (a ellos y a sus padres) a la conclusión de que son incapaces. Estas amplias categorías son las siguientes:

1. *El niño lento para aprender*. Este es el niño que carece de aptitud para el trabajo escolar. Se esfuerza por cumplir sus tareas, pero todo le sale mal. Tiene dificultad para aprender a leer en el primer año. No entiende las ciencias naturales. Rara vez recibe un elogio por hacer bien su trabajo, y *nunca* recibe un comentario positivo de la maestra en cuanto a su tarea. Es probable que tenga que repetir algún grado, por lo menos una vez, lo cual le convence de su falta de inteligencia.

2. *El niño semianalfabeto*. Este es el niño en cuyo hogar se hablan dos idiomas, pero no ha aprendido muy bien ninguno de los dos. Por lo tanto, no es "bilingüe", sino que es semianalfabeto. Es tan incapaz de expresarse correctamente que raras veces dice una palabra, a no ser que se le obligue. Su progreso en la escuela será una lucha cuesta arriba durante toda su niñez.

3. *El niño que no rinde al nivel de su capacidad*. Este es el niño que es inteligente pero le falta disciplina y motivación para trabajar. Siempre está atrasado con sus tareas escolares, o no las entrega, o las entrega mal hechas, lo que le hace llegar a la misma conclusión: "¡Soy un tonto!"

4. *El niño sometido a privación cultural*. Este es el niño de un barrio pobre. Nunca ha visitado un zoológico o museo, ni ha viajado en avión o ido a pescar. La identidad de su padre es un misterio, y su madre trabaja muchas horas para sostener a cinco hijos. Su vocabulario es muy limitado, excepto por una sorprendente colección de palabras vulgares; y no hay un lugar en su casa donde pueda leer o estudiar. Él *sabe* que no va a tener éxito en la escuela, y esta realidad influye en su evaluación personal.

5. *El niño atrasado en su desarrollo*. Este es el niño inmaduro, (por lo general se trata de un varón) que comienza a ir a la escuela antes de estar preparado, y desde muy temprano experimenta el fracaso. Aunque es posible que

más tarde, al madurar, llegue a estar al nivel de los demás, su falta de éxito en la escuela pudiera perjudicarlo durante toda su carrera escolar.

¡Es algo espantoso reconocer que, en realidad, son muchos más los niños que se encuentran en estas cinco categorías que los que consideran que están triunfando en la escuela!

¿ **¿Cree usted que las actitudes y reacciones de los padres desempeñan un papel principal en la autoestima de sus hijos?**

Los niños son extremadamente vulnerables a las actitudes sutiles de sus padres. Por eso los adultos deben aprender a tener cuidado de lo que dicen en presencia de sus hijos. Muchas veces, después de haber dado una conferencia, me ha consultado una madre referente a un problema en particular que tiene su hijo. Mientras la mamá describe todos los detalles, me doy cuenta de que su hijo, que es objeto de toda la conversación, está parado a menos de un metro detrás de ella. Sus oídos están muy atentos a la franca descripción de todos sus defectos. Quizás el niño recuerde esa conversación para toda la vida.

Es evidente que muchas veces los padres dan a entender la falta de respeto que tienen hacia un hijo al que aman de verdad. Por ejemplo, cuando Jaimito habla con personas que están de visita en la casa, o que no son de la familia, la mamá se pone nerviosa. Se mete en la conversación para explicar lo que él está tratando de decir, o se ríe con nerviosismo cuando hace comentarios que parecen ser tontos. Cuando alguien le hace una pregunta directamente al niño, ella interrumpe y contesta por él. Ella muestra su frustración cuando está tratando de peinarle o de hacer que se "vea bien" para una ocasión importante. Él sabe que ella piensa que ésa es una tarea imposible. Si va a pasar un fin de semana en la casa de algún familiar o amigo, ella le da una larga disertación sobre cómo debe actuar para evitar ponerse en ridículo. Esas formas sutiles de comportarse de la madre, son señales para el niño de que ella tiene temor de que él la haga quedar en ridículo, que debe ser supervisado cuidadosamente para que no avergüence a toda la familia. Él percibe falta de respeto en la conducta de su madre, aunque ella se exprese con verdadero amor.

Lo que quiero dejar en claro es que los padres deberían ser sensibles al concepto que sus hijos tienen de sí mismos, teniendo en cuenta de manera especial todo lo que esté relacionado con el atractivo físico o la inteligencia de ellos. Estos son los dos "puntos débiles" principales, en los que los niños y las niñas son más vulnerables.

 ¿Cuáles son algunos de los factores que impiden que los padres desarrollen la autoestima de sus hijos?

En un sentido muy real, los padres somos el fruto de la sociedad cuyos valores he condenado anteriormente. Se nos ha enseñado sistemáticamente a rendir culto a la belleza y a la inteligencia, de la misma manera en que lo hicieron nuestros abuelos y abuelas, nuestros tíos y tías, así como nuestros primos y vecinos. Todos queremos tener hijos extraordinarios que asombren al mundo. Tenemos que admitirlo, estimado amigo: hemos conocido al enemigo, que no es otro que *nosotros mismos*. A menudo, el mayor de los daños se causa involuntariamente en el propio hogar, que debería ser un lugar de refugio y protección para el niño. Además, en mi trabajo aconsejando a los padres, he observado que los *propios* sentimientos de inferioridad que ellos tienen les hace difícil aceptar las imperfecciones evidentes de sus hijos e hijas. No tienen intención de rechazarlos, y se esfuerzan en ocultar esos pensamientos íntimos. Pero el hijo "deficiente" simboliza sus propios fracasos e insuficiencias. Por eso es necesario que un padre, o una madre, sea muy maduro para que pueda mirar a su hijo que es feo, o a uno con claras deficiencias mentales, y le diga: "No sólo te amo, sino que reconozco tu inmenso valor como ser humano".

El primer paso para vencer esta tendencia, es examinar los sentimientos que usted tiene, estando dispuesto incluso a poner al descubierto sus actitudes cargadas de sentimientos de culpabilidad, que hasta ahora pudieran haber sido inconscientes. ¿Está usted secretamente decepcionado porque su hijo es tan común y corriente? ¿Lo ha rechazado, algunas veces, porque no es atractivo y simpático? ¿Cree usted que es tonto? ¿Nació durante un tiempo difícil, lo cual produjo tensión económica o física en la familia? ¿Quería usted una niña en vez de un niño o viceversa? ¿Fue concebido fuera del matrimonio, lo cual les obligó a casarse? ¿Está enojado con él por haberle quitado la libertad que usted tenía, o porque requiere mucho de su tiempo y esfuerzo? ¿Hace él que usted se sienta avergonzado porque es demasiado revoltoso o demasiado tímido?

Es evidente que usted no puede enseñar a su hijo a respetarse a sí mismo, ¡cuando usted tiene sus propias razones para que él no le caiga bien! Examinando los sentimientos más íntimos que usted tiene, tal vez con la ayuda de un doctor o consejero, podrá hacer un lugar en su corazón, como padre o madre amoroso, para su hijo que está muy lejos de ser perfecto. Después de todo, ¿qué derecho tenemos de exigir que nuestros hijos sean extraordinarios cuando nosotros mismos somos bastante comunes y corrientes?

¿ **Usted ha hablado de las características que se valoran más en la cultura occidental, pero ¿cuál es la fuente de la autoestima?**

Los sentimientos de valor propio y de aceptación de uno mismo, que son los que proveen el fundamento de una personalidad sana, se obtienen de *una* sola fuente. No se pueden comprar o fabricar. La autoestima se produce solamente por lo que vemos reflejado acerca de nosotros en los ojos de otras personas, o en los ojos de Dios. En otras palabras, la evidencia de nuestro valor tiene que ser generada *fuera* de nosotros mismos. Es sólo cuando otros nos respetan que nos respetamos a nosotros mismos. Es sólo cuando otros nos aman que nos amamos a nosotros mismos. Es sólo cuando otros nos encuentran agradables, atractivos y dignos que nos aceptamos a nosotros mismos. De vez en cuando una persona nace con una confianza tan grande en sí misma que no parece tener necesidad de la aceptación de otros, pero encontrar esa clase de persona es algo verdaderamente extraño. La mayoría de nosotros dependemos de los que nos rodean para nuestro sostenimiento emocional. Los que año tras año viven en un estado de aislamiento perpetuo, privados del contacto amoroso con otras personas que tengan interés en ellos, pueden estar casi seguros de que van a experimentar sentimientos de falta de valor personal, acompañados de profunda depresión y desesperación.

¿ **Usted dice que la belleza y la inteligencia son los factores más importantes en la formación de la autoestima y la confianza. ¿Cuáles otras influencias contribuyen al nivel de confianza en sí mismo del niño?**

Permítame enumerar algunos de los factores comunes que se relacionan con la autoestima en nuestra cultura:

1. Los padres tienen un poder extraordinario para proteger o dañar la autoestima del niño. Su manera de tratarlo comunica respeto y amor, o desilusión y desinterés.

2. Los hermanos mayores pueden destruir la seguridad en sí mismo del que es menor y más débil. El pequeño nunca puede correr tan rápido, pelear tan bien, o lograr tanto como sus hermanos o hermanas mayores. Y si sus palabras son siempre objeto de burla, fácilmente puede llegar a la conclusión de que él es tonto e incapaz.

3. Los errores sociales a temprana edad, algunas veces son dolorosos en extremo y se pueden recordar toda la vida.

4. Los problemas económicos, que privan al niño de ropa y de un estilo de vida parecidos a los de sus compañeros, pueden hacer que él se sienta inferior. No es la pobreza en sí la que causa el daño, sino más bien la comparación con los demás. Es posible que alguien se sienta pobre a pesar de ser verdaderamente rico, según las normas del mundo. A propósito, probablemente el dinero es el tercer factor más importante en la formación de la autoestima en nuestra cultura. Por ejemplo, ante los ojos materialistas de nuestra sociedad, un adolescente con granos en la cara, montado en una bicicleta, es considerado menos importante que otro adolescente con granos en la cara que maneja un auto deportivo.

5. Alguna enfermedad, aunque no sea evidente, puede representar el "defecto interior" del niño. Una afección cardiaca, o algún otro trastorno, que hace que la mamá se pase todo el día rogándole que haga las cosas más lentamente, puede convencer al niño de que es frágil y defectuoso.

6. Un niño que ha sido criado en un ambiente protegido, como el de una granja o de un hogar en el campo misionero, puede sentirse avergonzado debido a sus habilidades sociales rudimentarias. Su tendencia es encerrarse en sí mismo, apartándose de los demás.

7. Las características familiares vergonzosas, como tener un padre alcohólico o un hermano retardado mental, pueden provocar sentimientos de inferioridad por causa de la estrecha identificación con esos familiares que son objeto del desprecio de otras personas.

Lamentablemente, esta lista casi podría ser interminable. Al analizar el problema de la insuficiencia personal, he llegado a la siguiente conclusión: mientras que un niño puede perder la autoestima de mil maneras distintas, la cuidadosa reconstrucción de la misma suele ser un proceso lento y difícil.

¿ **Usted me ha convencido de que la belleza, la inteligencia y el materialismo son valores falsos que desmoralizan la autoestima de los niños. Pero ¿qué debe tomar su lugar? ¿Qué valores sugiere que les enseñe a mis hijos?**

Yo creo que la contribución *más* valiosa que los padres le pueden hacer a su hijo es inculcarle una fe genuina en Dios. ¿Qué mayor satisfacción personal podría haber que saber que el Creador del universo me conoce personalmente? ¡Que Él me valora más que las posesiones del mundo entero; que Él comprende mis temores y mis ansiedades; y que Él me tiende la mano con amor eterno cuando nadie más se interesa en mí; que su único Hijo, Jesús, en realidad dio Su vida por mí; que Él puede cambiar lo malo en bueno, y mi vacío en llenura; que una vida mejor viene después de ésta, donde los impedimentos y las insuficiencias quedarán eliminadas; donde todo el dolor terrenal y el sufrimiento no serán más que un recuerdo confuso! ¡Qué hermosa filosofía con la que usted puede "vestir" a su tierno hijo! ¡Qué mensaje más fantástico de esperanza y ánimo para el adolescente quebrantado que ha sido profundamente afectado por las circunstancias de la vida! Esta es la autoestima más rica, que no depende de los caprichos del nacimiento, o del juicio social, o del culto al superniño, sino del decreto divino.

2

Desarrollando la autoestima en los niños

¿ Tengo una hija de nueve años de edad, a la cual le faltan la confianza y el respeto de sí misma. ¿Qué puedo hacer para ayudarla?

Uno de los medios más útiles para inculcar la confianza en sí mismo, es enseñar métodos por los cuales el niño puede compensar. La *compensación* tiene lugar cuando el individuo neutraliza sus puntos débiles sacando provecho de sus puntos fuertes. Nuestra tarea como padres es ayudar a nuestros hijos a descubrir esos puntos fuertes y aprender a sacar provecho de ellos, para que disfruten de toda la satisfacción que los mismos habrán de producir. Y esto nos conduce a un concepto muy importante que debemos comprender: los sentimientos de inferioridad pueden aplastar y paralizar a una persona, o pueden proporcionarle una tremenda energía emocional que la impulsará a lograr toda clase de éxitos. Recuerde que la misma agua hirviente que endurece el huevo, ablanda la zanahoria. Todo depende de la *reacción* del individuo a las circunstancias que causan tensión.

La pregunta es: ¿se derrumbará su hija bajo el peso de los sentimientos de inferioridad, o utilizará sus necesidades emocionales como una fuerza para tener iniciativa y empuje? La respuesta puede depender de la dirección que usted sea capaz de proveer en cuanto a la identificación de las habilidades compensadoras. Quizás ella pueda establecer su lugar en la música, muchos niños lo hacen. Tal vez, pueda establecer su talento artístico, o aprender a escribir o cultivar destreza mecánica, o aprender a cocinar, o criar conejos como entretenimiento y negocio. Sin tener en cuenta cuál es la elección de ella, lo importante es hacer que comience a andar por ese camino a temprana edad... ¡ahora mismo! No hay nada más peligroso que enviar a un joven, o a una joven, a enfrentarse con las tormentas de la adolescencia, sin habilidades, sin conocimientos extraordinarios, sin medios de compensación. Cuando esto sucede su ego se encuentra completamente desnudo. No puede decir: "Tal vez no seré la alumna más popular de la escuela, pero soy la mejor trompetista en la banda". Su única fuente para formarse un buen concepto de sí misma procede de la aceptación de otros estudiantes, y todo el mundo sabe que el amor de ellos es inconstante.

¿ **¿Podría explicar con más detalles el proceso de la compensación? ¿Cómo se relaciona con los sentimientos de inferioridad?**

Un compensador piensa inconscientemente de la siguiente manera:

Me niego a ahogarme en un mar de sentimientos de inferioridad. Puedo lograr la suficiencia por medio del éxito si me esfuerzo. Así que dedicaré toda mi energía al baloncesto (o a la pintura, o costura, o política, o escuela, o jardinería, o a ser madre, o agente de ventas. O para un niño: a la escuela primaria, o a tocar el piano, o jugar fútbol).

Este tipo de compensación provee la energía emocional para casi cualquier clase de comportamiento humano próspero, como ya hemos descrito. En un famoso estudio realizado por Victor y Mildred Goertzel, titulado: *Cradels of Eminence*

[Las cunas de la eminencia], se investigó el pasado hogareño de 400 personas que habían logrado el éxito en sus vidas. Se trataba de individuos que habían llegado hasta la cumbre. Eran hombres y mujeres cuyos nombres todos los reconoceríamos como brillantes, o sobresalientes en sus respectivos campos (Churchill, Gandhi, F.D. Roosevelt, Schweitzer, Einstein, Freud, etcétera). La intensa investigación de su niñez en sus hogares, produjo descubrimientos sorprendentes:

1. Tres cuartas partes de los niños sufrieron por diversas causas: pobreza; padres divorciados; padres que los rechazaban, los dominaban, o vivían lejos de ellos; inestabilidad económica; algún impedimento físico; falta de satisfacción de los padres debido a las derrotas escolares de los hijos o por las vocaciones que escogían.

2. Setenta y cuatro de entre ochenta y cinco autores de ciencia ficción o de drama, al igual que 16 de entre 20 poetas, provenían de hogares donde cuando eran niños habían visto tensos dramas sicológicos protagonizados por sus padres.

3. Más de la cuarta parte de todos los que fueron investigados tuvieron impedimentos físicos durante su niñez. Fueron ciegos, sordos, inválidos, enfermizos, poco atractivos, demasiado pequeños o gordos, o padecieron de algún defecto del habla.

Es bastante evidente que la necesidad de compensar las desventajas fue un factor importante en sus esfuerzos por el logro personal. Probablemente hasta haya sido el factor *decisivo*.

Ha habido miles, tal vez millones, de personas insuficientes que utilizaron la compensación para lograr el respeto y la confianza en sí mismas. Tal vez la vida de la señora Eleanor Roosevelt, quien fue primera dama de los Estados Unidos, sea la ilustración más clásica. Habiendo quedado huérfana a los diez años, padeció una niñez de absoluta agonía. Era muy poco atractiva y nunca sintió que realmente pertenecía a nadie. Según el señor Victor Wilson, del Newhouse News Service [Servicio de Noticias Newhouse]: "Ella era una joven introvertida, sin sentido del humor e increíblemente tímida, que no podía superar su inseguridad personal y estaba convencida de su propia insuficiencia". Sin embargo, el mundo sabe que la señora del presidente Roosevelt se liberó de sus cadenas emocionales. Como dijo Wilson: "... de alguna fuente interior, la señora de Roosevelt se llenó de un valor fuerte e inquebrantable, templado por un dominio propio y una autodisciplina sorprendentes..." Esa "fuente interior" tiene otro nombre apropiado: ¡compensación!

Es obvio que la *actitud* de uno acerca de cualquier impedimento, determina el impacto que éste tendrá en su vida. Se ha hecho popular echarle la culpa del comportamiento irresponsable a las circunstancias adversas. Por ejemplo, la pobreza *causa* el crimen, los hogares divididos *producen* la delincuencia juvenil, una sociedad enferma *impone* la drogadicción en sus jóvenes. Este razonamiento erróneo quita la responsabilidad de los hombros del individuo. Esta es una excusa falsa. Cada uno de nosotros tiene que decidir lo que hará con sus sentimientos de inferioridad interna o con la adversidad externa.

Es cierto que hay que tener valor para triunfar a pesar de las desventajas. Se necesita de valentía para poder compensar. El camino más fácil es sumirse en la autocompasión, enloquecerse con las drogas, odiar al mundo, huir, retraerse, renunciar a los principios de uno. Sin embargo, no importa el curso final que tomemos, la decisión es únicamente nuestra y nadie nos la puede quitar. La adversidad *no* determina nuestro comportamiento, pero claramente influye sobre el mismo.

Los padres pueden abrir la puerta para las "decisiones" responsables al darles a sus hijos los medios para compensar, comenzando desde el transcurso de los años medianos de la niñez.

¿ **¿Cuál es la *mejor* fuente de compensación para los niños varones en esta cultura, especialmente para el muchacho que está "sufriendo" por dentro?**

Debido a la importancia que los atletas han adquirido hoy en día en las escuelas secundarias, creo que esta vía de compensación debería ser explorada, sobre todo por los padres de muchachos que son catalogados como de "alto riesgo". Si un niño posee una capacidad adecuada de coordinación, puede aprender a jugar baloncesto, fútbol, tenis, golf o practicar atletismo. He visto a algunos adolescentes, comunes y corrientes, que fueron respetados por ayudar a que su escuela ganara un campeonato. Como dije antes, la clave para que un joven logre la excelencia deportiva es que empiece a ejercitarse a temprana edad. Nosotros no dudamos en que nuestros hijos de ocho años de edad reciban instrucción para aprender a tocar el piano; ¿por qué no empezar a enseñarles también a esa edad a jugar baloncesto?

¿ **Mi hijo no tiene interés en actividades atléticas. ¿De qué manera puedo decidir, como padre, cuáles son las habilidades que él debiera desarrollar? ¿No debería ser él mismo quien tome esa decisión?**

Muchos padres piensan que no tienen el derecho de obligar a sus hijos a hacer una elección de este tipo. Se conforman con esperar a que ellos la hagan por sí mismos algún día. Sin embargo, la mayoría de los niños son muy indisciplinados. Siempre es difícil adquirir una nueva habilidad, especialmente durante las etapas iniciales. Fracasar por completo no es divertido, y eso es lo que al principio el niño siente que le está sucediendo. Por ese motivo, nunca adquiere esas importantes habilidades que tanto necesitará el día de mañana. Le aconsejo que usted, como padre, haga una evaluación cuidadosa de los puntos fuertes de su hijo. Luego escoja la habilidad que crea que ofrece las mayores posibilidades de éxito. Una vez que haya hecho esta elección, encárguese de que pase por la primera etapa. Recompénselo, empújelo, amenácelo, ruéguele, sobórnelo, si fuera necesario, pero trate de que desarrolle su habilidad. Si después descubre que usted se ha equivocado, retroceda y comience con algo nuevo. Pero no permita que la inactividad le impida enseñarle a su hijo algo que sea emocionalmente útil para él. ¿Es esta forma de presión una invasión de la libertad del hijo para escoger por sí mismo? Quizás es así. Pero también lo es el obligarle a alimentarse como es debido, mantenerse limpio, y acostarse a dormir a una hora razonable. Todo es para el bien del niño.

¿ **¿Qué sucede cuando un muchacho es tan diferente de los demás, que no puede competir con ellos, sin importar cuánto se esfuerce en hacerlo?**

Ese callejón sin salida es, muy a menudo, la causa de intentos de autodestrucción. Esto me recuerda a una niña muy triste, llamada Lilia, que me fue enviada para que la aconsejara. Después que abrió la puerta de mi consultorio, permaneció de pie mirando hacia el suelo. Debajo de varias capas de polvo y maquillaje, podía verse su cara completamente enrojecida con acné infectado. Lilia había hecho cuanto era posible para ocultar la inflamación, pero no había tenido éxito. Pesaba unos 38 kilos y era un desastre físico de pies a cabeza. Se sentó sin mirarme a los ojos. Le faltaba la confianza para enfrentarse conmigo. No tuve necesidad de preguntarle qué era lo que la angustiaba. La vida le había dado un golpe devastador, y estaba amargada, enojada, quebrantada y herida profundamente. Los adolescentes que llegan a encontrarse en ese punto de desesperación, no pueden ver el mañana. No tienen ninguna esperanza. No pueden pensar en otra cosa. Saben que son repulsivos y les gustaría meterse en un hueco, pero no hay lugar donde puedan esconderse. Irse del hogar no les ayudaría, y llorar no produciría ningún cambio. Muchas veces escogen el suicidio como la única salida.

Lilia me dio muy poco tiempo para tratar de ayudarla. A la mañana siguiente entró tambaleándose en la oficina de la escuela y anunció que se había tomado todo lo que había en el botiquín de su casa. Hicimos todos los esfuerzos posibles para que vomitara los medicamentos y, finalmente, lo logramos camino al hospital. Lilia sobrevivió, físicamente, pero su autoestima y su confianza en sí misma habían dejado de existir años atrás. Las cicatrices en su triste rostro simbolizaban las heridas que había en su corazón adolescente.

Evidentemente, la incapacidad para obtener la aceptación de otras personas no es simplemente un sentimiento desagradable que experimentan los jóvenes; tal falta de autoestima puede realmente extinguir el deseo de seguir viviendo. Los padres y los maestros deben ser entrenados para que reconozcan los primeros síntomas de la pérdida de toda esperanza personal durante los años tiernos y moldeables de la niñez, y sobre todo, para que sepan lo que pueden hacer para ayudar a los niños que tienen un problema tan serio como ése.

¿ Yo sé que los niños pueden odiar a otros y ser muy malos con ellos, especialmente con los que tienen deficiencias físicas o mentales, o los que son "diferentes". Esto parece ser perjudicial para los muchachos que son especialmente vulnerables al ridículo. ¿Está usted de acuerdo en que los adultos tienen la responsabilidad de intervenir cuando un niño está siendo atacado por sus compañeros?

Por supuesto que sí. Y estoy muy consciente del peligro que usted ha descrito. En realidad, yo mismo lo viví. Cuando yo tenía unos ocho años de edad, asistía regularmente a la escuela dominical. Cierta mañana, un invitado entró al aula y se sentó. Su nombre era Pablo, y todavía recuerdo su cara. Lo más importante es que todavía recuerdo sus orejas. Estaban formadas como una letra C invertida, y sobresalían de su cara de manera notable. Me fascinaron sus orejas, ya que su forma extraña me recordaba los guardafangos de un jeep (nos encontrábamos a mediados de la Segunda Guerra Mundial en ese tiempo). Sin pensar en los sentimientos de Pablo, les hice notar a mis amigos aquella extraña característica de él, quienes pensaron que "Guardafangos de Jeep" era un nombre muy cómico para un niño con esa clase de orejas. Aparentemente, a Pablo le había parecido muy cómica la idea también, pues se rió con todos los demás. Hasta que, repentinamente dejó de reír, se paró de un salto, con la cara enrojecida (y las orejas también), y se precipitó hacia la puerta, llorando. Luego, echó a correr por el pasillo hasta salir del edificio como un tiro. Nunca más Pablo visitó nuestra clase.

Recuerdo la conmoción que la reacción violenta e inesperada de Pablo produjo en mí. Es que yo *no* tenía ni idea de que estaba avergonzándolo con mi pequeña broma. Yo había sido un niño sensible, y solía defender al desvalido, aun desde muy chico. *Nunca* hubiera herido a un invitado a propósito, y ése es precisamente el punto que quiero enfatizar. Al pensar en lo que sucedió esa vez, considero responsables de ese acontecimiento a mi maestro y a mis padres. Ellos deberían haberme dicho lo que se siente cuando se ríen de uno... especialmente cuando se ríen por causa de alguna característica física que es diferente. Mi madre, quien era muy sabia con los niños, luego confesó que ella debería haberme enseñado a sentir compasión por otros. Y en cuanto a los maestros de escuela dominical, no recuerdo cuál haya sido el material que estaban usando en aquel entonces, pero ¿qué mejor contenido hubieran podido presentar que el *verdadero* significado del mandamiento: "Amarás a tu prójimo como a ti mismo"?

¿ Usted ha insinuado que el "hijo del medio" tiene mayores problemas con la baja autoestima, que otros miembros de la familia. Quizás eso explica por qué mi segundo hijo nunca ha sido una persona segura de sí misma.

La baja autoestima puede ser un problema para cualquier ser humano, sin importar si es el primer hijo, el segundo o el tercero. Sin embargo, al hijo del medio a veces le resulta más difícil el establecer su identidad dentro de la familia. Ni goza de la categoría del mayor, ni de la atención que le es dada al menor. Además, es probable que él nazca en un período muy ocupado de la vida de los padres, especialmente de la madre. Y luego, cuando comienza a caminar, su precioso territorio es invadido por un pequeño y lindo recién nacido que le roba a su mamá. No es raro que frecuentemente él se pregunte: "¿Quién soy, y cuál es mi lugar en la vida?"

 ¿Qué puedo hacer para ayudar a mi hijo del medio que sufre de baja autoestima?

Yo recomendaría que los padres tomen medidas para hacer que <u>todos</u> sus hijos se sientan seguros de su identidad, pero especialmente el hijo del medio. Eso se puede lograr relacionándose de vez en cuando con cada niño o niña de manera individual, en vez de hacerlo simplemente como miembros del grupo. Permítame darle dos sugerencias, que pueden servir como ejemplos que ilustrarán bien lo que quiero decir:

1. Es muy importante que, cada cuatro o cinco semanas, papá tenga una "cita" con cada hijo, <u>por separado</u>. No se les debe decir a los demás muchachos a dónde van a ir ellos, sino que debieran enterarse cuando les sea revelado por el niño o la niña después que hayan ido. El padre y el hijo podrían salir juntos y hacer cualquier cosa que sea divertida o agradable para el niño. Pero debe ser el niño quien elija lo que van a hacer.

2. Pídale a cada uno de sus hijos que diseñe su propia bandera, que se puede hacer de lona o de tela. Entonces se pone a ondear esa bandera en el patio de enfrente de la casa en el día "especial" de ese hijo; incluyendo su cumpleaños, después que ha recibido una calificación de sobresaliente en la escuela, ha marcado un tanto en fútbol, o ha hecho una carrera en béisbol, y otras cosas por el estilo.

Hay otras maneras de conseguir el mismo propósito. La meta, como ya dije, es planear actividades que enfaticen la individualidad de cada niño aparte de su identidad con el grupo.

¿ **Mi hijo adolescente es un excelente gimnasta. Su entrenador dice que él tiene más capacidades naturales que cualquier otro que jamás haya visto. Sin embargo, queda muy mal cuando participa en una competencia. ¿Por qué falla él durante los momentos más importantes?**

Si su hijo piensa que es un fracasado, probablemente su actuación va a estar de acuerdo con la imagen inferior que tiene de sí mismo, cuando llegue el momento de la prueba. Ocurre lo mismo con muchos jugadores profesionales de golf que son excelentes, los cuales hacen suficiente dinero en juegos de torneo, como para vivir bastante bien, pero nunca ganan una competencia. Continuamente quedan en segundo, tercero, sexto o décimo lugar. Cada vez que parece que pudiera ser que llegaran a terminar en primer lugar, se "<u>estancan</u>" en el último minuto y dejan que sea otro el que gane. No es que quieran fallar; más bien es que no se "<u>ven</u>" a sí mismos como ganadores, y su actuación sólo refleja esta imagen.

Hace poco, hablé con una pianista de concierto, que tiene un talento excepcional, pero ha decidido no volver a tocar en público. Ella sabe muy bien que ha sido bendecida con un talento extraordinario, pero cree que es una fracasada en todos los demás aspectos de la vida. Por lo tanto, cuando toca el piano en público sus equivocaciones la hacen parecer una principiante. Cada vez que ha tenido esta experiencia humillante, ha quedado más convencida de su falta de mérito en <u>todas</u> las esferas de actividad en su vida. Se ha encerrado ahora en el mundo apartado, quieto y falto de talento de los que se encuentran derrotados.

No cabe la menor duda: la falta de confianza en sí misma puede inmovilizar por completo a una persona que tiene talentos, simplemente por temor al fracaso.

¿ **¿Ocurre lo mismo también con la capacidad mental? Mi hijo de 12 años de edad tenía que recitar un poema en una fiesta en la escuela, y se quedó totalmente en blanco cuando estaba delante del público. Sé que lo sabía perfectamente, porque en casa lo había dicho un montón de veces. Él es un niño inteligente, pero ha tenido este mismo problema en otras ocasiones. ¿Por qué se le "desconecta" la mente cuando está bajo presión?**

Sería muy útil el comprender una importante característica del funcionamiento de nuestras facultades intelectuales. La confianza en sí mismo que su hijo tenga, o la falta de ella, en realidad afecta la forma en que funciona su cerebro. Todos nosotros hemos experimentado la frustración del "bloqueo" mental que usted ha descrito. Esto sucede cuando un nombre o un acontecimiento o una idea no sale a la superficie de la mente consciente, aun cuando *sabemos* que está grabado en la memoria. O supongamos que estuviéramos a punto de hablar ante un grupo antagonista y de pronto nuestra mente se quedara en blanco. Por lo general, esta clase de bloqueo ocurre: (1) cuando la presión social es enorme, y (2) cuando la confianza en sí mismo es poca. ¿Por qué? *Porque las emociones afectan la eficiencia del cerebro humano.* Nuestro cerebro no es como una computadora, sólo funciona de una manera adecuada cuando existe un delicado equilibrio bioquímico entre las células de los nervios. Esta sustancia hace posible que una célula "dispare" a otra su carga electroquímica a través de la separación (sinapsis) que existe entre ellas. Se sabe ahora que una súbita reacción emocional puede cambiar instantáneamente la naturaleza de esa reacción bioquímica, bloqueando el impulso. Este bloqueo impide la transmisión de la carga eléctrica, y nunca se produce el pensamiento. Este mecanismo tiene profundas consecuencias en relación con la conducta del ser humano. Por ejemplo, muchas veces un niño que se siente inferior e intelectualmente incapacitado ni siquiera hace uso de las facultades mentales con que ha sido dotado. Su falta de confianza produce una interferencia mental trastornadora, y estas dos forman un ciclo interminable de derrotas. Evidentemente, esto es lo que le sucedió a su hijo cuando "olvidó" el poema.

¿Qué puedo hacer para ayudarle?

En realidad, no es algo raro que un niño de 12 años se quede sin poder hablar frente a una multitud. En una ocasión, estuve de pie ante 300 compañeros adolescentes, con las palabras trabadas en mi garganta, y mi mente de vacaciones. Fue una experiencia dolorosa, pero poco a poco el tiempo borró su impacto. A medida que su hijo madure, probablemente superará el problema, si puede tener algunas experiencias en las que logre el éxito, para que eso le imparta confianza en sí mismo. Cualquier cosa que aumente la autoestima, reducirá la frecuencia de los bloqueos mentales, tanto en los niños como en los adultos.

¿Qué clase de hogares son los que producen hijos con un alto nivel de confianza en sí mismos? ¿Hay algunas características de las familias más saludables que debemos tratar de imitar?

El doctor Stanley Coopersmith, profesor asociado de sicología de la Universidad de California, estudió 1738 casos de niños normales de la clase media y sus familias, comenzando desde el período de la preadolescencia hasta los primeros años de la edad adulta. Después de haber identificado a los niños que tenían la más alta autoestima, comparó sus hogares y las influencias de la infancia con los de aquellos que tenían un concepto inferior de sí mismos. Él descubrió tres características distintivas: (1) Los niños que tenían alta autoestima eran más queridos y apreciados en sus hogares que los otros. (2) Los niños que tenían la más alta autoestima procedían de hogares en donde los padres habían sido más estrictos en cuanto a su método de disciplina. En contraste, los padres de los niños que tenían baja autoestima habían producido en ellos una sensación de inseguridad y dependencia por medio de su actitud permisiva. Era más probable que esos niños pensaran que no se les imponía ninguna regla porque no le interesaban a nadie lo suficiente, puesto que de haber sido así, se hubieran tomado la molestia de hacerlo. Además, durante la última parte del estudio se comprobó que los jóvenes que habían llegado a tener más éxito y a ser más independientes, procedían de hogares estrictos, en donde se exigía que los hijos fueran responsables y rindieran cuenta de sus actos. Y, como era de esperarse, los lazos familiares se mantuvieron más fuertes cuando la disciplina y el dominio propio habían sido el estilo de vida. (3) Los hogares de los niños que tenían más alta autoestima se distinguieron también por su ambiente de franqueza y democracia. Una vez que se habían establecido los límites de comportamiento, existía la libertad para que las personalidades individuales crecieran y se desarrollaran. Los niños podían expresarse sin temor al ridículo, y la atmósfera general estaba caracterizada por la aceptación y la seguridad emocional.

¿ Comparto la preocupación que usted tiene acerca del énfasis injusto que hoy es dado, entre los niños, a la belleza y la inteligencia. Por eso, en nuestro hogar nosotros les quitamos importancia a estos dos factores. Por ejemplo, mi hijo tiene los dientes muy torcidos, pero yo le digo que no es importante su aspecto físico, que lo que importa es la clase de persona que él es por dentro. ¿Está usted de acuerdo con esta manera de actuar?

No del todo. El padre o la madre que, como yo, se opone firmemente al énfasis que, por desgracia, es puesto actualmente en la belleza y en la inteligencia, tiene que resolver un difícil problema filosófico en relación con sus propios hijos. Aunque reconoce la injusticia de este sistema de valores, sabe que su hijo está obligado a competir en un mundo donde se rinde culto a esos atributos. ¿Qué debe hacer él, entonces? ¿Debe ayudar a su hijo para que llegue a ser lo más atractivo posible? ¿Debe animar a su hijo "promedio" a sobresalir en la escuela? ¿O sería prudente que en el hogar les reste importancia a estos valores, esperando que el niño o la niña aprenda a vivir con sus desventajas?

No existen respuestas "científicas" a estas preguntas. Sólo puedo dar mi opinión personal, después de considerar detenidamente el problema. A pesar de la injusticia de este sistema, mi hijo no podrá cambiarlo. Tengo la obligación de ayudarle a competir en este mundo lo mejor que él pueda. Si sus orejas sobresalen, procuraré que se las arreglen. Si sus dientes están torcidos, haré que se los enderecen. Si tiene dificultades en la escuela, buscaré un maestro particular que le ayude a salir adelante. Él y yo somos aliados en esta lucha por la supervivencia, y no voy a hacerme el sordo ante sus necesidades.

Rick Barry, quien en tiempos pasados fue una figura destacada del baloncesto profesional, es un hombre alto, bien parecido y saludable. Sin embargo, cuando era niño fue objeto de humillaciones, y se sentía tan cohibido por causa de sus dientes, que cuando hablaba se tapaba la boca con la mano. Él dijo en su libro titulado en inglés: *Confessions of a Basketball Gypsy* [Las confesiones de un jugador gitano de baloncesto]:

Cuando me salieron los dientes permanentes, salieron torcidos, y me faltaban dos en la parte de adelante. Quizá mis padres no tenían bastante dinero para pagarle a un dentista para que me los arreglara, o tal vez arreglarse los dientes no era tan importante entonces, como lo es ahora. Recuerdo haber hablado con mi padre acerca de que me pusieran dientes postizos en la parte de adelante, y usar un aparato de ortodoncia, que hubiera podido cortarme las encías cuando jugaba baloncesto. De cualquier modo, no me arreglaron los

dientes hasta que estuve en la universidad. Yo vivía
preocupado por el problema de mis dientes. Me
sentía avergonzado de mirarme en el espejo. Acos-
tumbraba mantener mi boca cerrada, y nunca son-
reía. Cuando hablaba me tapaba la boca con la
mano, lo cual hacía que fuera difícil que los demás
entendieran lo que les decía. Adquirí la costumbre
de mantener la mano sobre la boca, de la cual no
pude librarme por años.

Esta clase de incomodidad es extremadamente dolorosa para un niño. Y por eso creo que es la obligación de los
padres, dentro de los límites de sus recursos económicos,
el erradicar los defectos que hacen sentirse más avergonzados a nuestros hijos. Un auxiliar de supervisión siquiátrica de un hospital en la ciudad de Nueva York, el doctor
Edward Podolsky, con quien yo estoy de acuerdo, recomienda que, si es posible, las deformidades físicas deben
ser corregidas antes de que el niño entre al primer grado
escolar. Después de ese tiempo, la influencia de los compañeros se convierte en un factor muy importante en la
formación de su concepto de sí mismo.

Pero los padres tenemos que ser muy cuidadosos en
cuanto a esto. Aunque estoy ayudando a mi hijo para que
compita en el mundo, tal cual es, también tengo que enseñarle
que los valores del mundo son temporales e indignos. Explicar los dos lados contradictorios de esta moneda requiere de
mucho tacto y habilidad. ¿Cómo puedo insistir en que mi hija
se arregle bien el pelo, y después decirle: "La belleza no tiene
importancia"? La clave es comenzar a enseñarle al niño,
desde muy temprano, los valores verdaderos de la vida: el
amor a la humanidad, la bondad, la integridad, la fidelidad, la
sinceridad y la devoción a Dios. El atractivo físico es descrito
entonces como parte de un juego social que tenemos que
jugar. Como el mundo es nuestro terreno de juego, no podemos pasar por alto las reglas del mismo. Pero, ya sea que
obtengamos un triunfo o una derrota, podemos sentirnos

alentados al saber que, en sí mismo, el juego no es tan importante. Es en esta ancla que el niño puede mantenerse firme.

¿ **¿Qué cree usted acerca de las bromas en tono amistoso dentro de la familia? ¿Es perjudicial que unos se rían de otros?**

Las familias más sanas son aquellas en las que todos pueden reír juntos, y ciertamente no creo que nuestros egos sean tan frágiles como para que todos tengamos que andar unos alrededor de los otros, con extremo cuidado. Sin embargo, hasta un chiste inocente puede causar dolor, cuando continuamente un niño es objeto de las bromas, sobre todo si se trata de un problema que le hace sentirse avergonzado, como orinarse en la cama, chuparse el dedo, ser tartamudo, o tener algún defecto físico notable. Los demás miembros de la familia deben ser muy cuidadosos en cuanto a lo que dicen en relación con esos problemas, a los cuales el niño es extremadamente sensible. Y en particular, uno no debe ridiculizar a un niño por su tamaño, tanto si es un niño demasiado bajo de estatura, como si es una niña demasiado alta. No hay nada cómico acerca de ello. El siguiente principio debe ser nuestra guía: no es prudente tomarle el pelo a un niño en cuanto a características que también tiene que defender fuera del hogar. Y cuando él pida que no se repita una broma, se le debe complacer.

¿ **Mi hija, que tiene 12 años, se siente avergonzada por el gran tamaño de su nariz. Pero lo que no puedo comprender es que continuamente ella habla de su nariz a sus amigas. ¿Debo llamarle la atención sobre esto, y aconsejarle que *no* siga mencionando este problema?**

Una de las características más evidentes de la persona que se siente inferior es que habla de sus deficiencias con cualquiera que esté dispuesto a escucharle. La persona gorda se siente obligada a disculparse con sus amigos por ordenar un helado con crema de chocolate y nueces. Se hace eco de lo que se imagina que piensan ellos, y dice: "Ya estoy bastante gordo sin comerme esto", mientras se pone en la boca una cucharada del sabroso helado. De la misma manera, una mujer que piensa que no es inteligente, lo admitirá francamente, diciendo: "Realmente soy muy mala para las matemáticas; apenas puedo sumar dos más dos". Este tipo de autocrítica es más común de lo que uno piensa.

Aunque no es una virtud el que nos convirtamos en una imagen falsa, tratando de ser algo que no somos, creo que ir al otro extremo es también un error. Mientras la persona no deja de hablar de sus ridículas insuficiencias, el que la oye se está formando una impresión de ella.

Así que, le recomiendo que usted enseñe a su hija a no hablar de sus defectos. Ella debe aprender que su autocrítica constante puede convertirse en una mala costumbre, y que no va a conseguir nada con ella. Existe una enorme diferencia entre aceptar culpabilidad por algo incorrecto que uno ha hecho, y simplemente hablar de los sentimientos de inferioridad que uno tiene. De todos modos, su hija debería saber que probablemente sus amigos y amigas están pensando en sus *propios* defectos.

¿ **Quiero preparar a mi hija de seis años, para algunos de los problemas relacionados con la autoestima, que probablemente van a ocurrir cuando ella sea una adolescente. ¿Cómo puedo comenzar a prepararla para que pueda resistir la presión social con la que probablemente tendrá que enfrentarse?**

Hasta cierto punto, toda la infancia es una preparación para la adolescencia y para después de la misma. Los padres disponen de sólo una década para colocar el fundamento de los valores y las actitudes que ayudarán a sus hijos a enfrentarse con las presiones y los problemas futuros de la edad adulta. Por lo tanto, sería bueno que los que somos padres les hagamos saber a nuestros hijos pequeños cuál es el significado del valor personal y cómo deben preservarlo, puesto que cada ser humano tiene que enfrentarse a este asunto en algún momento de su vida.

Este proceso de instrucción debe comenzar desde que el niño está en el kindergarten, si no antes. Por ejemplo, si su hijo conoce a alguien que es demasiado tímido para hablar, y que ni siquiera puede mirarle de frente, usted podría decirle: "¿Cuál crees que sea la razón de que a Pedro le da tanta vergüenza decirte lo que está pensando? ¿Crees que no tiene mucha confianza en sí mismo?" (Utilice con frecuencia la palabra *confianza*, como sinónimo de valentía y de seguridad en uno mismo.) Cuando su hijo participe en algún evento de la escuela o de la iglesia, felicítelo por tener la confianza de estar delante de un grupo de personas sin bajar la cabeza o quedarse sin lengua.

Después, cuando esté en la escuela primaria, comience a hablar de los aspectos negativos de la confianza en uno mismo. Hable con franqueza de los sentimientos de inferioridad y de lo que éstos significan. Por ejemplo, podría decirle: "¿Te diste cuenta de las tonterías que David hizo en la clase esta mañana? Estaba tratando de que todos le prestaran atención, ¿verdad? ¿Por qué será que necesita que los demás se fijen en él constantemente? Quizá sea porque no se quiere mucho a sí mismo. Creo que está tratando de hacer que la gente lo quiera porque piensa que nadie lo aprecia. ¿Por qué no tratas de hacerte su amigo y de ayudarle para que se sienta mejor consigo mismo? ¿Te gustaría invitarlo a pasar una noche en nuestra casa?"

Por medio de esta clase de instrucción, usted no sólo ayudará a su hijo a ser sensible a los sentimientos de los demás, sino que también le enseñará a comprender sus *propios* sentimientos de inferioridad. Cada año que pase, él debería entender más claramente la crisis de valor personal que todos experimentan. Sería bueno darle ejemplos de personas que han salido adelante, a pesar de tener profundos sentimientos de inferioridad (como Eleanor Roosevelt). Sin embargo, los *mejores* ejemplos que podemos darles a nuestros hijos son los de las luchas que nosotros tuvimos cuando éramos adolescentes. La meta es que el niño o la niña llegue a los años de la adolescencia comprendiendo cuatro conceptos específicos: (1) todos los adolescentes experimentan momentos en los que no se gustan mucho a sí mismos; (2) la mayoría de los adolescentes piensan que son feos y tontos, y que sus compañeros no los quieren; (3) los peores de estos sentimientos de inferioridad no durarán mucho, aunque la mayoría de los seres humanos tienen que enfrentarse, en ciertos momentos, con esta clase de sentimientos a lo largo de toda la vida; (4) todos poseemos un valor increíble porque hemos sido creados por Dios, quien tiene un plan específico para nuestras vidas.

Esta estrategia me interesa mucho, no sólo porque puede ayudar a producir una adolescencia saludable, sino porque nos conduce en la dirección de llegar a comprender a los demás seres humanos. ¡Y cómo necesitamos comprendernos unos a otros! Leí recientemente que en 80 por ciento de los casos, las personas son despedidas de sus empleos no porque carezcan de habilidades para cumplir con sus responsabilidades sino porque *no pueden llevarse bien con los demás*. Interpretan mal las intenciones de otros, y reaccionan actuando de una manera agresiva o desobediente. Podemos disminuir esa posibilidad al enseñarles a nuestros hijos a "ver" a los demás de una manera más real, al mismo tiempo que conservan su propia dignidad y sentido de valor personal.

¿ **He escuchado que usted no aprueba los productos "Barbie" y tampoco otros muñecos de ese tipo, que se presentan como si fueran personajes ejemplares para los adolescentes. Por favor explique cuál es su preocupación.**

No apruebo a la muñeca Barbie ni a sus compañeros por dos motivos. Primero, no podría haber un método mejor para enseñar el culto a la belleza y al materialismo que el relacionado con la atractiva Barbie. Si intencionalmente tratáramos de instruir a nuestros niños sobre la necesidad de crecer siendo ricos y hermosos, no podríamos hacerlo mejor de lo que ya lo han hecho. ¿Ha visto usted alguna vez una Barbie fea, o que tenga la más mínima imperfección? ¡Por supuesto que no! Rebosa de feminidad y atractivo sexual. Su cabello es grueso y reluciente, lleno de "cuerpo" (sea lo que sea que eso signifique). Sus piernas, largas y delgadas, su busto curvilíneo, y sus delicados pies son absolutamente perfectos. Su piel está libre de manchas (excepto un pequeño letrero en la parte de atrás, que dice: "Made in Japan"). Jamás le salen granos ni espinillas, y no se ve ni una gota de gordura en su cuerpo rosado. Barbie no es la única que pertenece al mundo de la gente hermosa, sino también sus amigos y compañeros. Ken, su divertido novio, es un adolescente mezcla de Arnold Schwarzennegger, Tom Cruise y Clark Kent (apacible reportero del *Daily Planet)*. Estos modelos idealizados cargan una bomba de tiempo emocional, activada para explotar en el momento en que en la vida real una niña de 13 años se mire detenidamente en el espejo. No hay ninguna duda: ¡ella no es una Barbie!

Sin embargo, no es la perfección física de estas muñecas Barbie (y sus muchas imitaciones) lo que me preocupa más; los juegos de adolescentes que esas muñecas inspiran causan un daño mucho mayor. En vez de que los niños y las niñas de tres y cuatro años de edad jueguen con animales de peluche, pelotas, automóviles, camiones, caballitos y todas las demás cosas típicas de la infancia, ahora están aprendiendo a tener fantasías acerca de la vida como adolescentes. Ken y Barbie salen juntos, aprenden a bailar, manejan autos deportivos, se broncean, van de excursión solos, intercambian votos matrimoniales, y tienen bebés (ojalá que ocurra en ese orden). Toda la cultura de los adolescentes con su énfasis en adquirir conocimientos sexuales se presenta a las niñas pequeñitas, que deberían pensar en cosas más apropiadas a la infancia. Esto coloca a nuestros hijos en una situación anormal en la cual probablemente llegarán a la cumbre del interés sexual

varios años antes de lo debido, con todas las evidentes consecuencias que eso traerá para su salud social y emocional.

¿ **Mi hijo es ridiculizado y ofendido frecuentemente por otros niños de nuestro vecindario, y no sé cómo manejar la situación. Cuando eso ocurre se siente muy deprimido y viene a casa llorando. ¿Cómo debo reaccionar cuando esto sucede?**

Cuando su hijo ha sido rechazado de esa manera, él tiene mucha necesidad de un amigo o amiga, y usted es la elegida. Permítale hablar. No trate de decirle que lo que le ha sucedido no duele o que es ridículo ser tan sensible. Pregúntele si sabe qué es lo que a sus "amigos" no les gusta de él. (Es posible que él esté provocando la reacción de ellos debido a que tiene una actitud dominante, actúa egoístamente o no es sincero.) Sea compasiva y amable, sin que los dos se pongan a llorar en mutua desesperación. Tan pronto como sea conveniente, participe con él en algún juego u otra actividad que a él le guste. Y finalmente, haga lo posible por resolver la causa fundamental del problema.   Quiero sugerirle que le diga a su hijo que invite a alguno de sus amigos de la escuela a ir al zoológico con él un sábado (o le ofrezca otra "carnada" igualmente atractiva), y pasar luego la noche en su casa. A veces, las amistades verdaderas comienzan de esa manera. Hasta los niños hostiles del vecindario podrían volverse más amables después de invitarlos uno por uno a la casa. De esta manera no sólo podrá ayudar a su hijo a hacer amigos, sino que también podrá observar los errores que él comete, y que provocan que ellos lo rechacen. La información que usted obtenga puede ser utilizada más tarde para ayudarle a mejorar su relación con los demás.

¿ **A mi hija de diez años no le gusta usar una trenza porque sus amigas no se arreglan el pelo de esa manera. Siempre me han encantado las trenzas, desde que**

era niña. ¿Cometo un error al obligarla a agradarme arreglándose el cabello como a mí me gusta?

Sí, sobre todo si innecesariamente su hija se siente distinta y ridícula delante de sus amigas. La presión social sobre los que no se adaptan fácilmente a hacer las cosas como los demás es muy fuerte, y usted no debe colocar a su hija en esa incómoda posición. La intimidad entre padres e hijos es resultado de que estos últimos sepan que sus padres comprenden y aprecian sus sentimientos. La inflexibilidad de usted en cuanto a este asunto muestra una falta de comprensión que más tarde puede producir resentimiento.

¿ **Tenemos un niño de cuatro años, que adoptamos, al cual queremos criar de tal forma que se dé cuenta de nuestro amor hacia él, así como del amor de Dios. ¿Qué sugerencias tiene usted para nosotros, y para otros padres de niños adoptados, con respecto a las necesidades especiales que surgirán?**

La mejor respuesta que he encontrado para esa pregunta es parte de algo dicho por el doctor Milton Levine, y que fue citado en una publicación titulada: *Your Child from 2 to 5* [*Su hijo de dos a cinco años*]. (Morton Edwards, ed., pp. 182-184.) Citaré lo que él dijo, y luego comentaré sobre el punto de vista del doctor Levine:

MÉTODOS DE SENTIDO COMÚN
PARA CRIAR HIJOS ADOPTIVOS

Adoptar hijos ha llegado a ser una práctica tan aceptable hoy en día que la pregunta temible: "¿Debo decirle que es adoptado?", ya no es tema de telenovelas. La mayoría de los padres saben que decirle a su hijo desde el primer momento posible, provee el único fundamento sólido para la seguridad del niño y la de ellos.

Sin embargo, el doctor Milton I. Levine, miembro

del consejo de *2-to-5 World News* y profesor asociado de pediatría del Cornell Medical Center del Hospital de Nueva York, señala: "Aunque la adopción ya no se considera un secreto vergonzoso, sino como debe ser, como un hecho lógico, la situación sigue requiriendo delicadeza, comprensión y muchas decisiones que muestren el sentido común de los padres"

Los padres deben hablarle al hijo acerca de su adopción desde el momento en que él pide que se le cuenten historias, dice el doctor Levine. Esto le evitará al jovencito el grave impacto que podría acompañar la revelación años después. Los padres pueden relatar su adopción como un maravilloso capítulo en la historia familiar. La tendencia a aplazar una decisión, a veces afecta hasta a los padres adoptivos que tienen las mejores intenciones.

Es posible que ellos digan: "Vamos a esperar hasta que él sea mayor y pueda comprender", demorando así la explicación hasta que algo que es una realidad básica se convierte en un secreto. En mi opinión, incluso los niños de cinco o seis años ya son demasiado mayores para que entonces se les diga que son adoptados y no se les cause un daño emocional. Él insiste en que los padres:

1. Le digan al niño de su adopción desde el momento que está listo para escuchar historias y cuentos.

2. Utilicen la palabra "adoptado" en las historias que le relaten, hasta que la palabra se convierta en un sinónimo de "escogido", "elegido" y "deseado".

3. No intenten encubrir la adopción, aun cuando mudarse a un nuevo vecindario pueda tentarlos a encubrirlo.

"Algunos padres adoptivos nunca parecen superar una actitud de disculpas que se basa en el sentimiento de que sólo están sustituyendo a los 'verdaderos' padres del niño", dice el doctor Levine. "Para la salud mental de toda la familia, los padres adoptivos deben aceptar el hecho de que ellos realmente son los padres del niño adoptado. El hombre y la mujer que crían a un niño desde su infancia, dándole el amor y el cuidado que le permiten crecer con libertad, *son* sus *verdaderos* padres; los extraños que trajeron al niño al mundo son simplemente los padres *biológicos*. Nunca podremos enfatizar demasiado esta importante diferencia. Al impartirle al niño, aunque sea inconscientemente, un sentimiento injustificado de pérdida, un sentimiento de que él *había tenido* padres, pero ahora tiene sustitutos, por muy amorosos que ellos sean, estos padres adoptivos ponen en peligro la seguridad del niño en sus relaciones más íntimas, y retrasan su comprensión de cuál es el verdadero papel que desempeñan los padres".

El doctor Levine confiesa que incluso los profesionales están en desacuerdo sobre lo que se le debe decir al niño adoptivo en cuanto a sus padres biológicos. Él señala que hay por lo menos tres posibles maneras de enfrentar esto, pero ninguna es la respuesta perfecta:

1. Dígale al niño que sus padres biológicos están muertos.

2. Declare plenamente que los padres biológicos no podían cuidar al bebé por sí mismos.

3. Dígale al niño que no se sabe de los padres biológicos, pero que a él lo obtuvieron de una agencia dedicada a encontrar buenos hogares para los bebés.

"Hay beneficios y desventajas en todas estas soluciones", enfatiza el doctor Levine, quien prefiere el primer método, porque: "El niño al que se le dice que sus padres biológicos están muertos queda libre para amar a la mamá y al papá con los que vive. No se sentirá atormentado con una obligación agobiante de buscar a sus padres biológicos cuando sea adulto.

"Puesto que la posibilidad de perder a los padres es

uno de los temores más grandes de la infancia, es verdad que el niño al que se le ha dicho que sus padres biológicos están muertos, quizá piense que todos los padres, incluyendo a los que ahora tiene, son bastante pasajeros", reconoce el doctor Levine. "Sin embargo, creo que a la larga el niño se ajustará más fácilmente a la muerte que al abandono. Decirle a un jovencito que sus padres lo regalaron porque no podían cuidarlo es presentarlo con un rechazo total. Él no puede comprender las circunstancias que podrían haberlos llevado a semejante acción. Pero un punto de vista no sano en cuanto a sí mismo se podría establecer, como pensar que es algo indeseado, algo por lo que no valía la pena luchar.

"Otro problema difícil para los padres adoptivos es la educación sexual. Cualquier explicación sencilla y natural de la reproducción, enfatiza que el bebé es concebido por el amor de la madre y del padre, y por su deseo de tener un hijo. Esta explicación tranquiliza a otros niños. Pero a causa de lo complejo de su situación, puede hacer que el niño adoptivo se sienta alejado de sus padres adoptivos, dudoso de sus propios inicios, y un poco desintonizado con la naturaleza en general".

Solamente estoy en desacuerdo con el doctor Levine con referencia a sus comentarios en cuanto a los padres biológicos. No estoy dispuesto a mentirle a mi hijo en nada, y no le diría que sus padres naturales habían muerto si no fuera así. Tarde o temprano se enteraría de que se le mintió, lo cual le podría hacer dudar de todo el relato de adopción.

Más bien, yo estaría inclinado a decirle al niño que se sabe muy poco acerca de sus padres biológicos. Se le podrían ofrecer varias posibilidades inofensivas y no muy claras, como: "Sólo podemos imaginarnos las causas por las que ese hombre y esa mujer no pudieron cuidar a un bebé. Es posible que ellos eran demasiado pobres y no te podían brindar el cuidado que necesitabas; o quizá la mujer estaba enferma, o no tenía un hogar. Simplemente, no sabemos. Pero nosotros *sí* sabemos que estamos agradecidos de que tú hayas llegado a ser nuestro hijo (o hija), lo cual ha sido el más grande de los regalos que Dios nos ha dado".

Además, yo agregaría tres sugerencias a los comentarios del doctor Levine. En primer lugar, los padres cristianos deberían presentar la adopción como una tremenda bendición que trajo mucha felicidad a la familia (así como se insinuó arriba). Díganle cómo ustedes estuvieron orando por un hijo, y esperaron impacientemente por la respuesta de Dios. Luego describan cómo llegó la noticia de que Dios había contestado sus oraciones, y cómo toda la familia le dio gracias al Señor por su regalo de amor. Explíquenle cómo se emocionaron cuando lo vieron por primera vez en la cuna, y lo lindo que se veía en la frazadita azul, etcétera. Díganle que su adopción fue uno de los días más felices de sus vidas, y cómo ustedes no podían esperar para contarles a sus amigos y familiares la maravillosa noticia. (De nuevo, supongo que estos detalles son verdad.) Cuéntenle la historia de la adopción de Moisés por la hija de Faraón, y cómo Dios lo había escogido para una gran obra con los hijos de Israel. Busquen otros ejemplos similares que expresen el respeto y la dignidad para el adoptado. La interpretación que el niño haga de todo lo relacionado con su adopción, depende casi por completo de la forma en que le sea comunicado durante los primeros años de su vida. De ninguna manera quiere uno tratar el tema con actitud de tristeza, confesando renuentemente que ahora tiene que confesar un secreto que le turba.

En segundo lugar, cada año, celebren *dos* cumpleaños con el mismo entusiasmo, el del día de su nacimiento, y el del día en que él, o ella, se convirtió en su hijo, o hija. Mientras que los otros hijos biológicos que haya en la familia celebran solamente un cumpleaños, la celebración del segundo cumpleaños ayuda al niño adoptivo a compensar cualquier diferencia que pudiera sentir en relación con sus hermanos y hermanas. Y utilicen la palabra "adoptado" con franqueza y frecuentemente, hasta que deje de ser desagradable.

Tercero, cuando el fundamento haya sido colocado y se haya calmado la tensión relacionada con el asunto, entonces, olvídenlo. No estén recordándole continuamente al niño lo especial que él es, hasta el punto en que recordárselo llegue a ser ridículo. Mencionen el asunto cuando sea apropiado hacerlo, pero no muestren ansiedad o tensión al estar hablando continuamente de su adopción delante de él. Los jóvenes perciben con una facilidad asombrosa estas actitudes ligeramente disfrazadas.

Creo que es posible, al seguir estas sugerencias de sentido común, el criar a un hijo adoptivo sin que se le cause un trauma sicológico o sea un insulto personal para él.

¿ **Usted ha hecho comentarios muy fuertes en contra del sistema de valores del mundo occidental, el cual daña el concepto que las personas tienen de sí mismas y la salud mental. ¿Qué cambios importantes podrían hacerse en nuestra sociedad para producir un porcentaje más alto de niños que estén emocionalmente sanos?**

Al aconsejar a pacientes neuróticos, he visto que los problemas emocionales suelen originarse en una de dos situaciones (o en ambas): en una relación con los padres en la que no existe amor ni estímulo, o en la incapacidad para ganarse la aceptación y el respeto de los compañeros. En otras palabras, se puede comprobar que (con la excepción de las enfermedades orgánicas) la mayoría de los problemas emocionales tuvieron su origen en relaciones destructivas con otras *personas*, durante los primeros 20 años de vida.

En vista de esto, creo que el cambio más importante, que los adultos podrían hacer, es comenzar a enseñarles activamente a los niños a amarse y respetarse unos a otros (y, claro, a demostrar ese amor en sus propias vidas).

Sin embargo, en vez de mostrar bondad y sensibilidad, a menudo se les permite a los niños comportarse de una manera terriblemente cruel y destructiva, especialmente con el niño que padece de defectos físicos o mentales, feo o lento para aprender, que carece de coordinación, extranjero o que pertenece a una minoría, bajo de estatura o muy alto, o que es diferente en cualquier característica por insignificante que esta sea. Y podemos predecir que frecuentemente los efectos del daño causado a las jóvenes víctimas duran para toda la vida.

Los adultos deben dedicar sus energías creadoras a enseñar el *amor* y el *respeto*. Y, si fuera necesario, debemos *insistir* en que los niños se traten unos a otros de una manera bondadosa. ¿Se les puede enseñar a los niños y a las niñas a respetar a sus amigos y compañeros? ¡Seguro que se puede! Por naturaleza, los jóvenes son más sensibles y compasivos que los adultos. Aprenden a ser crueles como resultado del mundo de alta competencia y hostilidad que sus líderes han permitido que se desarrolle. En pocas palabras, los niños son destructivos con los débiles y humildes, porque los adultos no nos hemos preocupado en enseñarles a ser compasivos unos con otros.

Quizás el siguiente ejemplo sirva para explicar mi preocupación. Una señora me contó recientemente la experiencia que tuvo como ayudante, en el aula de la clase de cuarto grado de su hija. Ella visitó el aula el Día de los Enamorados, para ayudar a la maestra con la fiesta tradicional. (Este día puede ser uno de los más dolorosos en la vida de un niño que no es popular. Todos los alumnos *cuentan* la cantidad de tarjetas de felicitación que los demás les han dado como medida directa de su valor social.) Esta madre me dijo que la maestra anunció que la clase iba a hacer un juego en el cual los niños y las niñas formarían parejas. Ese fue su primer error, porque los niños de cuarto grado aún no han experimentado los efectos de las felices hormonas que atraen a los sexos opuestos. Cuando la maestra dijo a los muchachos que cada uno escogiera a su pareja, todos se rieron e inmediatamente señalaron a la niña más fea y menos respetada del aula. Era gorda, le sobresalían los dientes, y era tan tímida que no se atrevía a mirar a nadie a los ojos.

Con un terror fingido, todos los muchachos dijeron: "¡No nos ponga con Enriqueta! ¡Pónganos con *cualquiera otra* menos con Enriqueta! ¡Ella nos va a pegar alguna enfermedad! ¡Líbrenos de la horrible Enriqueta!" La madre, que estaba ayudando en la fiesta, esperó a que la maestra (que era partidaria de una disciplina rigurosa) defendiera inmediatamente a la pobre niña que estaba siendo ridiculizada. Sin embargo, se sintió defraudada cuando vio que no les dijo nada a aquellos niños insolentes, y dejó que Enriqueta se enfrentara a esa dolorosa situación, completamente sola.

Cuando la burla proviene del mismo sexo causa angustia, pero cuando el rechazo proviene del sexo opuesto es como un puñal que se clava profundamente en la autoestima. ¿Qué podía decir esa niña como respuesta a palabras tan crueles? ¿Cómo podría defenderse una niña gorda como ella, de nueve muchachos agresivos? ¿Qué más podía hacer sino sonrojarse y quedarse sentada como una tonta? Esa niña, a la que Dios ama más que a todas las posesiones de este mundo, nunca olvidará lo que le sucedió ese día, ni a la maestra que la abandonó en el momento que más la necesitaba.

Si yo hubiera sido la maestra de Enriqueta, en ese fatal Día de los Enamorados, esos muchachos burlones hubieran tenido un problema bien grande. Por supuesto que habría sido mejor si se hubiera podido evitar que alguien avergonzara a alguno de los alumnos, al hablar con todo el grupo desde el primer día de clases sobre los sentimientos de los demás. Pero si hubiera sucedido lo que lamentablemente sucedió, y el ego de Enriqueta hubiera estado hecho trizas delante de los ojos de todos, mi reacción habría sido estar de su lado y hacer valer todo el peso de mi autoridad.

Mi reacción espontánea me habría hecho decir algo, más o menos así: "¡Esperen un momento! ¿Qué derecho tienen para decir esas cosas tan crueles de Enriqueta? Quiero saber ¿cuál de ustedes es tan perfecto que los demás no pudiéramos reírnos de él? Yo los conozco a todos bastante bien. Sé algunas cosas de sus hogares, conozco sus calificaciones y también algunos de sus secretos personales. ¿Les gustaría que se lo dijera a la clase entera, para que todos nos riéramos de ustedes de la misma manera en que lo han hecho con Enriqueta? ¡Lo puedo hacer! Puedo hacer que ustedes se sientan tan mal que quieran desaparecer de la faz de la tierra. Pero, ¡escúchenme! No tengan miedo. *Nunca* les voy a avergonzar de esa manera. ¿Por qué no? ¿Porque *duele* cuando los amigos se burlan de uno. Duele más que si nos tropezáramos con una piedra o nos cortáramos un dedo o nos picara una avispa.

"Les quiero preguntar lo siguiente, a los que estaban divirtiéndose tanto hace unos momentos: ¿Alguna vez se ha burlado de ustedes un grupo de muchachos o muchachas de la manera en que lo han hecho con Enriqueta? Si nunca les ha ocurrido, prepárense, porque algún día les va a suceder también. Van a decir alguna tontería, y alguien va a señalarles con el dedo, y se van a reír de ustedes en su propia cara. Y cuando eso ocurra quiero que recuerden lo que hoy ha sucedido aquí".

Luego me habría dirigido a toda la clase, diciéndole lo siguiente: "Tenemos que asegurarnos de haber aprendido algo muy importante por medio de lo que ha sucedido aquí esta tarde. En primer lugar, *no debemos ser crueles con los demás*. Nos reiremos juntos cuando algo cómico ocurra, pero no lo haremos si fuéramos a hacer sentirse mal a alguien. En segundo lugar, *nunca haré intencionalmente nada que pueda avergonzar a alguien en la clase*. Pueden estar seguros de eso. Todos ustedes han sido creados por Dios. Él los moldeó con sus amorosas manos, y nos ha dicho que todos tenemos el mismo valor como seres humanos. Esto quiere decir que Enriqueta no es ni mejor ni peor que Carlos, María o Arturo. A veces pienso que quizás ustedes creen que algunos son más importantes que los demás. Eso no es cierto. Cada uno tiene un valor incalculable para Dios, y cada uno vivirá para siempre en la eternidad. Eso nos dice cuán valiosos son. Dios ama a cada niño y niña en esta aula. Y por eso *yo* les amo también. Dios quiere que todos seamos bondadosos con los demás, y durante todo el año vamos a practicar la bondad".

Cuando una maestra o un maestro fuerte y amoroso defiende a la niña o al niño más desvalido de la clase, de la manera que he descrito, algo dramático ocurre en el ambiente emocional del aula. Todos los niños experimentan una sensación de alivio. El mismo pensamiento da vueltas en sus cabezas: *Si Enriqueta está segura de que nadie va a ridiculizarla, aun ella que está demasiado gorda, yo estoy seguro también.* Cuando un maestro defiende al niño o niña menos popular del aula, está demostrando: (1) que no tiene "preferidos"; (2) que respeta a todos sus alumnos por igual; y (3) que apoyará a cualquiera que sea tratado injustamente. Estas son tres virtudes que los niños aprecian mucho, y que contribuyen a la salud mental de todos.

Quiero sugerirles a todos los padres que *defiendan al débil y desamparado del vecindario.* Haga saber que usted tiene el valor de hablar a favor de los que son rechazados. Explíqueles esta filosofía a sus vecinos, y trate de crear un refugio emocional para los niños que están padeciendo el rechazo de otros. No tenga temor de actuar con autoridad a favor del jovencito que está siendo maltratado. No hay nada más valioso en lo que usted pueda invertir su tiempo y sus energías.

3

La sobreprotección de los padres

¿ **¿Es posible amar a los hijos demasiado?**

No lo es si el amor es completamente maduro e incondicional. Sin embargo, no todo a lo que se le llama "amor" es sano para el hijo. Algunos padres están excesivamente orientados hacia sus hijos en esta etapa de la historia; muchos padres han invertido todas sus esperanzas, sueños, deseos y ambiciones en ellos. La culminación natural de esta filosofía es el sobreproteger a los hijos. En una ocasión traté de ayudar a una madre angustiada, la cual me declaró que sus hijas eran la *única* fuente de su satisfacción. Durante las largas vacaciones del verano, se pasaba la mayor parte del tiempo sentada junto a la ventana de la sala, mirando a sus tres hijas mientras estaban jugando. Temía que ellas pudieran hacerse daño o que necesitaran su ayuda, o que montaran en sus bicicletas por la calle. Desatendía sus otras responsabilidades de la casa, a pesar de las quejas de su esposo. No tenía tiempo para limpiar la casa o cocinar; mantenerse en guardia junto a la ventana de la sala era su única ocupación. Ella experimentaba enormes tensiones debido a su temor de los peligros conocidos, y de los desconocidos, que pudieran causarles daño a sus hijas.

Las enfermedades de la niñez y los peligros inesperados siempre son difíciles de tolerar para los padres que aman a sus hijos, pero la menor amenaza produce una ansiedad que es insoportable para el papá o la mamá que los sobreprotegen. No sólo sufren ellos, sino que muchas veces también el hijo o la hija es una víctima.

¿ **¿Qué le sucede al niño cuyos padres le sobreprotegen y no le asignan responsabilidades adecuadas?**

Se puede desarrollar una relación de dependencia con implicaciones de largo alcance. Esa clase de jovencito suele retrasarse en su preparación para el momento cuando se le conceda la independencia al llegar a ser adulto. A los diez años, no quiere hacer nada que sea desagradable, puesto que nunca ha tenido que enfrentarse a ninguna dificultad. No sabe cómo "dar" a los demás, porque sólo ha pensado en sí mismo. Le resulta difícil tomar decisiones o autodisciplinarse de alguna forma. Pocos años después, llegará a la adolescencia sin estar preparado para las libertades y responsabilidades que encontrará en esa etapa de su vida. Finalmente, su futura esposa se enfrentará con algunas sorpresas desagradables, y sólo pensar en lo que sucederá entonces, me da escalofríos.

¿ **Quiero evitar que mis hijos caigan en la trampa de la dependencia excesiva que usted ha descrito. Pero no estoy seguro de cómo se comienza a caer en ella con un hijo pequeño. Por favor, dígame cuáles son los elementos principales en este proceso.**

Probablemente sea más fácil fomentar una relación de dependencia dañina entre padres e hijos, que evitarla. Examinemos lo que suele ocurrir. Cuando el niño nace, está totalmente desvalido. A menudo, olvidamos cuánto el recién nacido depende de nosotros. En realidad, quisiéramos olvidarlo lo más pronto posible. Esta pequeña criatura, acostada en su cuna, no puede hacer nada por sí sola. No puede darse vuelta, rascarse la cabeza, expresar sus pensamientos con palabras, y ni siquiera levantará un dedo para ayudarse a sí misma. Por lo tanto, sus padres son responsables de satisfacer todas sus necesidades. Ellos son sus servidores, y si se demoran en responder a sus exigencias, el niño viene provisto de un chillido que les pone los pelos de punta y los obliga a actuar inmediatamente. Además de todo esto, él no tiene ninguna obligación para con ellos. No tiene que agradecer sus esfuerzos. Nunca dirá "por favor" o "gracias", ni pedirá perdón por hacerlos levantar media docena de veces durante la noche. Tampoco se compadece cuando al cambiarle el pañal a las tres de la madrugada, su exhausta madre se pincha un dedo con el imperdible (sin lugar a dudas, ¡la agonía más grande en la experiencia humana!). En otras palabras, el niño comienza su vida en un estado de completa dependencia de quienes le han dado el apellido.

Sin embargo, 20 años después, cuando ya no es un niño, se supone que hayan ocurrido cambios radicales en su comportamiento. Para entonces, debería estar capacitado para asumir todas las responsabilidades de un adulto joven. Se espera que gaste su dinero de manera prudente, conserve su empleo, sea leal a una sola mujer, atienda las necesidades de su familia, obedezca las leyes de su país y sea un buen ciudadano. En otras palabras, a través de su infancia, la persona debería avanzar de una posición en la que no tiene *ninguna* responsabilidad, a una de *completa* responsabilidad. Ahora bien, ¿cómo logrará Juanito pasar de una posición a la otra? ¿Cómo ocurre esta transformación mágica de autodisciplina? Muchos de los que se han nombrado a sí mismos expertos en desarrollo infantil, creen que todo debería ocurrir cerca del final de la adolescencia, unos 15 minutos antes que Juan (ya no Juanito) se vaya del hogar de sus padres definitivamente. También dicen que antes que eso suceda, se le debería permitir hacer todo lo que él quiera.

Rechazo categóricamente esa idea. La mejor manera de preparar a un niño para que se convierta en un adulto responsable es ayudándolo a asumir responsabilidades durante la niñez. Esto no significa que con un látigo en la mano lo obligamos a comportarse como un adulto. Quiere decir que animamos al niño a progresar según un plan metódico de darle cada vez más responsabilidades que estén de acuerdo con su edad. Por ejemplo, poco después de su nacimiento, la madre debe empezar a transferirle ciertas responsabilidades. Poco a poco, el niño aprende a dormir durante toda la noche, a sostener el biberón y a alargar la mano para tratar de agarrar lo que quiere. Más tarde, aprende a caminar, a hablar y a ir al baño solo. A medida que llega a dominar cada nueva habilidad, la madre se va "liberando" de su servidumbre a él.

Cada año debería tomar más decisiones que en los doce meses anteriores. Las responsabilidades de la rutina diaria deberían ser puestas sobre sus hombros, a medida que pueda encargarse de ellas. Por ejemplo, normalmente un niño de siete años puede escoger la ropa que se va a poner cada día. También debe mantener su habitación en orden y tender la cama todas las mañanas. A un niño de nueve o diez años se le puede conceder más libertad, como por ejemplo, permitirle escoger los programas de televisión que desea ver (dentro de lo razonable). No estoy sugiriendo que los padres renunciemos por completo a nuestro liderazgo; más bien, creo que deberíamos pensar en la transferencia razonable y metódica de la *libertad* y la *responsabilidad*, con el propósito de que cada año nuestro hijo esté mejor preparado para el momento de completa independencia que habrá de llegar.

¿   Usted escribió en uno de sus libros que "toda la vida es una preparación para la adolescencia y más allá de ella". ¿Podría explicar con más detalles, lo que quiere decir con esa declaración?

Me estaba refiriendo a la necesidad de conceder independencia a los niños y permitirles que tomen sus propias decisiones. Los padres serían prudentes si recordaran que se está aproximando, con rapidez, el día cuando el niño que han criado hará sus maletas y se irá del hogar, para nunca volver a vivir con ellos. Al salir por la puerta para enfrentarse al mundo exterior, ya no tendrá que rendir cuentas a la autoridad y supervisión de los padres. Hará lo que él quiera. Nadie podrá exigirle que coma bien, o que descanse lo necesario, o que busque un empleo, o que viva de una manera responsable, o que sirva a Dios. Se hundirá o nadará por sí solo.

Esta independencia repentina puede ser destructiva para los que no se han preparado para ella. ¿Cómo pueden los padres educar a sus hijos e hijas para que no hagan locuras durante los primeros meses de libertad? ¿Cómo pueden proveer a sus hijos de lo necesario para ese momento de emancipación?

El mejor tiempo para comenzar a preparar al hijo para su liberación final es cuando empieza a caminar, antes que una relación de dependencia sea establecida. Una conocida autora, Domeena Renshaw, escribió hace tiempo:

> Es posible que el niño se ensucie al comer solo; que quede más desarreglado cuando se vista él mismo; que esté menos limpio cuando trate de bañarse sin que nadie lo ayude; que el pelo no le quede bien si se peina él solo; pero a no ser que la madre aprenda a amarrarse las manos y dejar que el niño llore y trate de hacer las cosas por sí mismo, ella va a hacer por él más de lo que es necesario, y su independencia se retrasará. [Domeena C. Renshaw, M.D., *The Hyperactive Child* (Chicago: Nelson-Hall Publishers, 1974, pp. 118-120.)]

Este proceso de concederle al hijo una independencia apropiada debe continuar a través de sus años escolares. Los padres deben permitir que sus hijos se vayan de campamento, aunque quizá sea más "seguro" tenerlos en casa. De la misma manera, se les debe permitir visitar las casas de sus amigos cuando ellos los invitan. Deben hacer sus camas, cuidar a sus mascotas, y hacer sus tareas escolares. Cuando esta labor se ha realizado de una manera correcta, una persona joven, que se encuentra en su último año de escuela, debería estar casi emancipada, aunque todavía esté viviendo con los padres.

¿ **Mi madre me cuidaba a cuerpo de rey cuando yo era niña, y me sentiría culpable si no sirviera y cuidara a mis hijos en sus necesidades, de la misma forma. ¿Cree usted que es mejor para ellos que yo les sirva y cuide menos?**

No estoy sugiriendo que usted como madre deje de cuidar y proteger a sus hijos, pero es adecuado para usted el dejarles que se encarguen de responsabilidades que su edad y madurez les permita tener. Esto lo expresaron Marguerite y Willard Beecher en su excelente libro titulado: *Parents on the Run* [Padres apresurados]. Ellos dicen, y yo estoy totalmente de acuerdo, que *los padres tienen que liberarse de su hijo, para que éste pueda liberarse de ellos*. Piense en esto por un momento. Si usted nunca se libera de su hijo, trasfiriéndole responsabilidades, entonces él también permanecerá irremediablemente atado a usted. Los dos se habrán amarrado en una interdependencia paralizadora que impide el crecimiento o desarrollo del niño.

Reconozco lo difícil que es poner en práctica este sistema. Nuestro profundo amor hacia nuestros hijos nos hace ser muy vulnerables a sus necesidades. La vida trae inevitablemente dolor y pesar a los pequeños, y nos duele cuando les duele a ellos. Cuando otros les ridiculizan o se ríen de ellos, cuando se sienten solos y rechazados, cuando fallan en algo importante, cuando lloran a la medianoche, cuando un daño físico amenaza su existencia, éstas son las pruebas que nos parecen insoportables a quienes estamos mirando sin poder hacer nada. Queremos levantarnos como un poderoso escudo para protegerlos de las aflicciones de la vida y sujetarlos abrigados, dentro de la seguridad de nuestros brazos. Sin embargo, hay momentos cuando tenemos que dejarles que luchen solos. Los niños no pueden crecer sin que se arriesguen. Los niños muy pequeños no pueden caminar al principio sin caerse. Los estudiantes no pueden aprender sin enfrentarse a algunas dificultades. Y por último, un adolescente no puede entrar a la edad adulta, hasta que nosotros le dejamos libre de nuestro cuidado protector.

¿ ¿Por qué es tan difícil, especialmente para las madres, el conceder independencia y libertad a sus hijos?

Hay varias razones para no querer darle libertad a un hijo. He observado que la motivación más común refleja las necesidades emocionales inconscientes de la madre. Tal vez se haya esfumado el romance de su matrimonio, dejando al niño como su única fuente de amor. Quizá le resulta difícil hacer amistades duraderas. Cualquiera que sea la razón, ella desea ser la persona más importante en la vida de su hijo. Así que se convierte en su sirvienta, y se niega a obtener su libertad de él con el propósito específico de negarle a él la suya. Conozco el caso de una madre y su hija que mantuvieron esta relación de dependencia mutua hasta que la madre falleció a los 94 años. La hija, que entonces tenía 72, de repente se encontró soltera, sola y dependiendo de sí misma por primera vez en su vida. Es terrible experimentar en la vejez lo que los demás experimentan durante la adolescencia.

En una ocasión, aconsejé a una madre cuyo esposo había muerto cuando su único hijo, David, era un bebé. Había quedado con la tremenda tarea de criar sola a su hijo, la única persona que le quedaba en el mundo, a quien amaba de verdad. Su reacción fue mimarlo por completo. El niño tenía siete años cuando ella vino a verme. Le daba miedo dormir solo en su habitación. Se negaba a quedarse con ninguna persona que lo cuidara en ausencia de su madre, y hasta se resistía a ir a la escuela. No se podía vestir solo, y su comportamiento era totalmente infantil. En vez de quedarse en la sala de espera mientras yo hablaba con su madre, se las arregló para encontrar mi despacho, y durante una hora permaneció agarrado al picaporte de la puerta, lloriqueando y suplicando que lo dejáramos entrar. Su madre entendió que esa situación era evidencia del temor que su hijo sentía de que ella muriera como le había sucedido a su padre. Su reacción fue mantenerlo más atado a ella, sacrificando así sus propias necesidades y deseos. No podía salir con ningún amigo, ni invitarlo a que la visitara en su casa. No podía participar en ninguna actividad, ni tener experiencias propias de los adultos, sin que su hijo estuviera con ella. Como podemos ver, nunca se había liberado de su hijo, quien por su parte tampoco se había liberado de su amorosa madre.

¿ **Me parece que la tarea de soltar a los hijos es una de las responsabilidades más importantes con que los padres nos enfrentamos.**

Usted tiene toda la razón. Si yo fuera a enumerar los cinco objetivos más importantes en la educación de los niños, éste sería uno de los primeros: "Manténgalos cerca de usted y luego suéltelos". Los padres deben involucrarse profundamente en la vida de sus hijos pequeños, dándoles amor, protección y autoridad. Pero cuando los hijos llegan a ser adolescentes y después adultos nosotros mismos debemos abrirles la puerta hacia el mundo exterior. Ese es el momento más aterrorizador de la vida de los padres, en particular para los padres cristianos que se interesan de manera tan profunda en el bienestar espiritual de su familia. Es muy difícil esperar la respuesta a la pregunta: "¿Crié bien a mi hijo?" Existe la tendencia de retener el control sobre los hijos para evitar oír una respuesta negativa a esta pregunta tan importante. Sin embargo, es más probable que nuestros hijos e hijas tomen decisiones apropiadas si no tienen la necesidad de rebelarse en contra de nuestra interferencia.

Permítame enfatizar este punto al ofrecer otra frase que fácilmente hubiera podido ser uno de los proverbios del rey Salomón. Dice así: "A lo que amas, dale libertad, si regresa a ti, tuyo es, si no regresa, nunca lo fue". Esta pequeña declaración contiene gran sabiduría. Me recuerda el día, hace muchos años, cuando un pequeño coyote salvaje apareció en el patio de nuestra casa. Se había extraviado de las montañas, y había llegado a nuestra zona residencial. Lo perseguí hasta nuestro patio trasero donde lo atrapé en un rincón. Después de 15 ó 20 minutos de esfuerzo, logré ponerle un collar y una correa en el cuello. Él luchó en contra de la correa con toda su fuerza, brincando, mordiéndola y halándola.

Finalmente, agotado, se sometió a su cautiverio. El era mi prisionero, lo cual hizo que todos los niños del vecindario se sintieran muy contentos. Me pasé todo el día con ese coyote tan pícaro, tratando de domesticarlo. Sin embargo, llamé por teléfono a un experto en coyotes, el cual me dijo que las probabilidades de que pudiera amansar sus instintos salvajes eran muy pocas. Obviamente, yo hubiera podido dejarlo encadenado o enjaulado, pero nunca hubiera podido hacerlo mío. Así que, lo dejé en libertad. Su "amistad" no habría tenido ningún valor para mí, al menos que yo lo hubiera dejado libre y él se hubiera quedado por su propia voluntad.

Lo que quiero dejar en claro es que el amor exige libertad. Esto no sólo es verdad en las relaciones entre los animales y el hombre, sino también en todas las relaciones entre los seres humanos. Por ejemplo, la manera más rápida de destruir el amor romántico entre marido y mujer es que uno de los dos encierre al otro en una jaula de acero. He visto a cientos de mujeres intentar inútilmente exigir el amor y la fidelidad de sus esposos, y eso no produce ningún buen resultado. Haga memoria de sus noviazgos antes del matrimonio. ¿Recuerda usted cómo las relaciones románticas quedaban destinadas a la ruina cuando uno de los novios empezaba a preocuparse con perder al otro, llamaba por teléfono seis u ocho veces al día, y se escondía para espiar y averiguar quién estaba compitiendo por la atención de su amado? Ese actuar tan inseguro devastará una buena relación amorosa en cuestión de días. Permítame repetirlo: *el amor exige libertad.*

¿Por qué otro motivo nos habría dado Dios la opción de servirle a Él o rechazar su compañerismo? ¿Por qué les dio a Adán y a Eva la opción de comer del fruto prohibido en el huerto del Edén en lugar de obligarlos a obedecerle? ¿Por qué no simplemente hizo hombres y mujeres como sus esclavos, programados para postrarse a sus pies en adoración? Las respuestas se encuentran en el significado del amor. Dios nos dio el libre albedrío porque no tiene significado el amor que no tiene alternativa. Cuando venimos a Él porque ansiamos tener compañerismo y comunión con Él, es cuando la relación tiene validez. ¿No es éste el significado de Proverbios 8:17, donde Él dice: "Yo amo a los que me aman, y me hallan los que temprano me buscan"? Ese es el amor que sólo la libertad puede producir. No se puede exigir, forzar, restringir o programar en contra de nuestra voluntad. El amor sólo puede ser el producto del libre albedrío, lo cual incluso el Todopoderoso respeta.

La aplicación de esta verdad a los adolescentes mayores es obvia (especialmente los que tienen más de 20 años). Llega el momento cuando nuestro trabajo como padres termina, y es tiempo de otorgar la libertad. De la misma forma en que dejé que se fuera aquel coyote, usted debe desatar las correas que atan a sus hijos y dejarlos en libertad. Si nuestro hijo huye, que huya. Si se casa con la persona equivocada, que se case con la persona equivocada. Si toma drogas, que tome drogas. Si escoge la escuela equivocada, si rechaza su fe, si se niega a trabajar, o si desperdicia su herencia en licor y prostitutas, entonces se le tiene que permitir que tome esas decisiones destructivas, y que sufra las consecuencias.

En resumen, permítame decir que la adolescencia no es una etapa fácil para padres o hijos, por el contrario, ésta puede ser una experiencia aterradora. La clave para sobrevivir a esta experiencia emocional es fomentar una base fuerte, y después enfrentarla con valor. Incluso la rebelión inevitable de la adolescencia puede ser un factor sano. Este conflicto contribuye al proceso por medio del cual un individuo pasa de ser un niño dependiente a ser un adulto maduro que ocupa su lugar como igual a sus padres. Sin esa fricción, la relación podría continuar siendo una relación no sana del trío "mamita, papito e hijito" hasta la edad adulta, con serias consecuencias para la futura armonía matrimonial. Si la tensión entre las generaciones no fuera parte del plan divino para el desarrollo humano, no sería tan extensa de manera universal, aun en los hogares donde el amor y la autoridad se han mantenido equilibrados de manera apropiada.

¿ **La siguiente pregunta fue presentada por una revista cristiana, llamada en inglés *Family Life Today*, que está dedicada a los asuntos e intereses de la familia:**

¿Qué puede hacer uno cuando su hijo, de 18 ó 20 años, toma decisiones bastante distintas de las que usted había esperado que tomara? Los padres se sienten frustrados y avergonzados, sin saber cómo influir en el hijo a quién pensaban que habían educado en el "buen camino" pero que ahora está tomando el malo. La tarea de educar al niño empieza cuando éste nace. Pero ¿acaso llega a su fin? ¿Debe terminar? Si es así, ¿cuándo, y cómo?

Mi respuesta está reimpresa a continuación, y es usada con permiso de la revista *Family Life Today* (Copyright ©1982), y fue publicada originalmente en marzo de 1982:

"El proceso de soltar a los hijos debiera comenzar poco después de ellos nacer y debiera terminar unos 20 años más tarde cuando al final se les da su libertad y emancipación", dijo el doctor Dobson, quien reconoce que ésta es la tarea más difícil con que se enfrentan los padres. "Este otorgamiento de libertad no es algo que se hace repentinamente. En realidad, desde la infancia en adelante, el padre no debe hacer nada por su hijo si él pudiera sacar provecho de ello al hacerlo por sí mismo. Si usted se niega a concederle la independencia y la libertad apropiadas, esto puede traer como resultado rebelión y falta de madurez, ya sea durante la infancia o más tarde en la adolescencia".

El doctor Dobson, quien es un fuerte defensor de la disciplina amorosa durante los primeros años de la vida de un hijo, insiste en que viene un tiempo cuando la relación entre padres e hijos debe cambiar. "Cuando el hijo o la hija tiene 18 ó 20 años", comenta el doctor Dobson, "el padre y la madre deben comenzar a relacionarse con él o ella más bien como si fueran compañeros. Esto libera al padre y a la madre de la responsabilidad de dirigir a los hijos, y libera a los hijos de la obligación de depender de los padres.

"Es especialmente difícil para nosotros los padres *cristianos* el soltar a nuestros hijos para que entren a la edad adulta porque nos preocupa mucho el resultado de la instrucción que les hemos impartido a ellos. Tenemos tanto miedo de que rechacen nuestros valores y creencias que frecuentemente esto nos guía a retener nuestra autoridad hasta que la misma es arrancada de nuestras manos. Si eso ocurre, es posible que se haya hecho un daño permanente a la relación familiar".

Uno de los momentos más difíciles para los padres es cuando su hijo adulto escoge un compañero para el matrimonio que ellos no aprueban. "Aunque es doloroso permitir lo que uno piensa que será un error matrimonial", advirtió el doctor Dobson, "no es prudente actuar de manera autoritaria en cuanto al asunto. Si usted se opone a la persona con la que su hijo ha decidido casarse, quizá luche con problemas con su yerno o nuera el resto de la vida.

"Ahora bien, si existen razones bien fundadas para oponerse a un posible matrimonio, usted, como padre o madre, debe hablar con sinceridad acerca de esas convicciones en un momento oportuno y de una manera apropiada. Pero eso no les da el derecho a los padres de regañar y criticar a los que están tratando de tomar esta decisión que es de suma importancia".

Por ejemplo, el doctor Dobson sugiere que en tal situación el padre o la madre podría decir: "Me preocupa mucho lo que vas a hacer y voy a expresarte mi punto de vista. Luego me haré a un lado y permitiré que decidas por ti mismo. Yo puedo prever las siguientes áreas de incompatibilidad (etcétera)... Voy a estar orando por ti mientras buscas la voluntad de Dios en este asunto tan importante". El ingrediente más esencial, dice el doctor Dobson, es dejar en claro que la decisión le pertenece al hijo, no a los padres.

¿Cuáles son las consecuencias por no manejar estas crisis de una manera apropiada? "Los conflictos que no han sido resueltos hacia fines de la adolescencia suelen continuar aun en los años de la edad adulta", contestó el doctor Dobson. En una encuesta que él llevó a cabo recientemente por correo, recibió 2600 respuestas que mostraron que 89 por ciento de las personas pensaban que por mucho tiempo habían padecido de relaciones tensas con sus padres. Cuarenta y cuatro por ciento se quejó específicamente de que sus padres nunca les habían dejado en libertad ni les habían concedido la categoría de adultos.

El doctor Dobson agregó que las cartas que acompañaban las respuestas de la encuesta relataban historias también increíbles, como la de una mujer de 23 años a la que le daban nalgadas por portarse mal, y las de otras personas de edad madura que todavía no se sentían aceptadas y respetadas por sus padres. "Sin duda", dijo el doctor Dobson, "el proceso de soltar a los hijos es muy difícil para la *mayoría* de los padres".

¿Qué pueden hacer los padres si un hijo se ha entregado abiertamente a un comportamiento pecaminoso, y está violando todos los valores que ellos representan? Por ejemplo, ¿cómo deben reaccionar si su hijo adulto abandona los lazos familiares por unirse a un grupo religioso de la "Nueva Era"?

"No he recomendado que los padres se guarden todas sus preocupaciones y opiniones", dijo el doctor Dobson, "especialmente cuando están en juego asuntos de importancia eterna. Hay momentos para hablar. Pero la manera en la que el mensaje se expresa debe dejar en claro que el papel de los padres es de consejeros... no de dictadores. La meta final es que los padres aseguren al hijo joven de su continuo amor y compromiso, al mismo tiempo que hablan directamente de los peligros que perciben. Y repito que tiene que ser obvio que finalmente la responsabilidad por tomar la decisión es del hijo".

El doctor Dobson, cuyos libros en cuanto a las relaciones familiares han dominado la lista de ventas de libros cristianos entre "los diez mejores", comentó que su próximo libro quizá trate acerca de los sentimientos de culpabilidad de los padres. Refiriéndose a Proverbios 22:6, dijo que él está de acuerdo con el doctor John White en que los Proverbios presentan *probabilidades* y no *promesas*: "Aun si instruimos al niño en su camino, *¡algunas veces* sí se aparta! Por eso, nosotros como padres tenemos la tendencia a experimentar gran cantidad de culpabilidad que suele ser injustificable. Nuestros hijos viven en un mundo pecaminoso, y a veces imitan a sus compañeros; aunque les hayamos enseñado lo contrario, Dios le ha dado a cada hijo un libre albedrío que no se lo quitará, y nosotros no podemos quitárselo".

El doctor Dobson citó varios factores ambientales y hereditarios que los padres no pueden controlar, incluyendo el temperamento individual, la influencia de los compañeros y la voluntad innata del niño. Dobson observó que la combinación de estas fuerzas es probablemente más influyente que el liderazgo de los padres. "Simplemente, no es justo el atribuir todo lo que los adultos jóvenes hacen: bueno o malo, a la habilidad de los padres o a su ignorancia.

"Hace 100 años cuando un niño salía mal, se consideraba un 'niño malo'. Ahora se culpa a los padres de cualquier falla o rebelión que haya de parte de los jóvenes, dando a suponer que refleja sus errores y defectos. Tal idea suele ser injusta, y no reconoce la libertad del adulto joven para dirigir su propia vida".

Entonces, ¿qué actitud debe tomar un padre si su hijo de 21 años ha tomado la decisión de vivir en una relación inmoral? "Es difícil obligar a alguien de esa edad a hacer cualquier cosa; incluso, el padre no debe intentar forzarlo", advirtió el doctor Dobson. "Pero mamá y papá no tienen por qué pagar por esa insensatez".

El doctor Dobson indicó que el padre del hijo pródigo, como símbolo del amor paciente de Dios, permitió que su hijo menor entrara en una vida de pecado, y no mandó a sus sirvientes a "rescatar" a ese hijo errado cuando se metió en dificultades.

"El hijo escogió entregarse a una vida de pecado, y el padre permitió tanto su conducta como las consecuencias", observó el doctor Dobson. "Un padre o madre que sobreprotege a su hijo irresponsable mandándole continuamente dinero, suele romper la relación necesaria entre la conducta pecaminosa y las consecuencias dolorosas.

El doctor Dobson terminó diciendo: "La meta de los padres debe ser fomentar la amistad con su hijo o hija desde que nace en adelante. Cuando esta tarea es hecha correctamente, tanto los padres como los hijos pueden disfrutar de toda una vida de compañerismo después que los hijos se han ido del hogar y han establecido sus propias familias".

Después de entrevistar a este sicólogo cristiano de renombre, uno se queda pensando que para los padres que hace 20 años contemplaron maravillados a su hijo recién nacido, el nacimiento de ese mismo hijo a la nueva vida de la edad adulta, dos décadas después, podría ser algo igualmente maravilloso. Y de la misma manera en que no pudieron mantener a su hijo en la seguridad y protección del vientre de la madre, finalmente tendrán que permitir que al término de la niñez él o ella pase a vivir en el mundo de los adultos. A lo largo del camino, los padres cristianos prudentes se apoyan en la oración, e intentan influir en el hijo que está acercándose a la edad adulta, pero no intentan prolongar su control sobre él. El resto lo dejan en las manos de Dios.

4

La autoestima en el adulto

 Si entiendo bien sus escritos, usted cree que la mayoría de los norteamericanos experimentan, de un modo u otro, una baja autoestima. Suponiendo que esto es cierto, ¿cuáles son las implicaciones *colectivas* de ese concepto inferior de sí mismo?

Tiene implicaciones serias para la estabilidad de la cultura porque la salud de toda una sociedad depende de la facilidad con que los miembros individuales de la misma pueden adquirir una aceptación personal. Por lo tanto, siempre que las llaves de la autoestima están fuera del alcance de un gran porcentaje de personas, entonces la propagación de los trastornos mentales, las condiciones neuróticas, el odio, el alcoholismo, el abuso de las drogas, la violencia y el desorden social, ocurrirán con toda seguridad.

El valor personal no es algo que los seres humanos pueden poseer o abandonar libremente. Necesitamos tenerlo, y cuando es inalcanzable, todo el mundo sufre.

¿Por qué cree usted que un concepto inferior de sí mismas se encuentra tan extendido entre las mujeres

en estos días? ¿Por qué es más común este problema ahora que en el pasado?

Parece que hay tres factores relacionados con la epidemia de la falta de confianza en sí mismas, que muchas mujeres tienen en este tiempo de nuestra historia. En primer lugar, las responsabilidades tradicionales de las esposas y madres se han convertido en un objeto de falta de respeto y ridículo. El criar a los hijos y tener cuidado de la casa, ya no ocupa un lugar de mucha importancia, y frecuentemente las mujeres que se encuentran obligadas a realizar estas tareas, se ven a sí mismas con una desilusión que no pueden ocultar.

Las fuerzas que han divulgado este punto de vista nos inundan por todas partes a la vez: en la televisión, las revistas, la radio, los periódicos, los anuncios escritos, los libros y las novelas; cada uno de los cuales golpea constantemente la confianza y la satisfacción de las mujeres que están en casa. Entonces, no es extraño que muchas amas de casa sientan que las pasan por alto, que la sociedad no las respeta. Tendrían que estar sordas y ciegas para no darse cuenta.

Pero el deterioro del respeto de sí mismas, entre las mujeres, tiene también otras causas. Otro factor, muy significativo, tiene que ver con el lugar que la belleza ocupa en nuestra sociedad. El atractivo físico (o su ausencia), produce un efecto profundo en la autoestima de las mujeres. Es muy difícil separar el valor básico humano de la calidad del cuerpo de uno; por lo tanto, es casi seguro que una mujer que piensa que es fea, se sentirá inferior a sus compañeras. Esta presión aumenta en gran manera en una sociedad tan altamente erótica como la nuestra. ¿No le parece razonable que mientras más se excita una cultura por el sexo (y la nuestra está en el punto máximo de excitación), más premiará a la belleza y castigará a la fealdad? Cuando el sexo es tan importante como lo es hoy en día, entonces los que tienen menos atractivo sexual se ven obligados a preocuparse por su falta de habilidad para competir en ese mercado. Están en bancarrota según la "economía" actual. Millones de personas han caído en esa trampa.

Una tercera causa, de que muchas mujeres tengan un concepto inferior de sí mismas, está relacionada con la inteligencia básica. Dicho de una manera más simple, muchas de ellas piensan que son ignorantes y tontas. Los sicólogos han sabido por décadas que no existe una diferencia fundamental, en cuanto al nivel general de inteligencia entre hombres y mujeres, aunque existen áreas de mayor fortaleza para las personas de cada sexo. Los hombres tienen una tendencia natural a obtener mejores calificaciones en los exámenes de matemática y de razonamiento abstracto, mientras que las mujeres aventajan a los hombres en lenguaje y habilidades verbales. Sin embargo, cuando las habilidades son combinadas, ningún sexo tiene una ventaja evidente sobre el otro. A pesar de este hecho, las mujeres están mucho más inclinadas a dudar de sus propias capacidades mentales que los hombres. ¿Por qué? Yo no lo sé, pero éste es otro factor importante, relacionado con su baja autoestima.

¿ **¿Está diciendo usted, entonces, que la baja autoestima que algunas mujeres tienen, es influenciada enormemente por los mismos factores que las preocupaban cuando eran más jóvenes?**

Así es. La importancia de la belleza no termina cuando pasa el tiempo de la adolescencia. Continúa determinando el valor humano, en cierto modo, hasta una edad avanzada. Permítame que le dé un ejemplo de lo que quiero decir. Yo aconsejé a una mujer joven, que había sido una bella aeromoza unos pocos años antes. Se encontraba felizmente casada con un hombre que estaba orgulloso de su belleza. Entonces, sucedió una desgracia tremenda. Tuvo un trágico accidente automovilístico, que dejó feas cicatrices en su rostro y su cuerpo deformado. Su columna vertebral se fracturó, y quedó destinada a caminar con un bastón por el resto de su vida. Ya no era atractiva, y rápidamente su esposo perdió el interés sexual en ella. Al poco tiempo se divorciaron. Por supuesto, al estar inválida ya no podía trabajar como aeromoza, y le fue difícil conseguir otra clase de empleo. En este caso, una mujer que tenía un valor personal elevado, en un momento se hundió hasta una posición de muy poca categoría social. Su verdadero valor, como ser humano, no debería haber sido afectado por su accidente, pero sin duda lo fue, ante los ojos de su esposo inmaduro.

Aunque existen muchas causas de la baja autoestima que muchas mujeres tienen hoy, esa antigua enemiga, que se llama "fealdad" (cuyos ataques son experimentados, de vez en cuando, por cada mujer) continúa haciendo su obra despreciable en nuestra sociedad.

¿ **¿Son las influencias de la "belleza" y de la "inteligencia" tan importantes para los hombres como para las mujeres? ¿En qué forma es diferente la autoestima que los hombres tienen de la que las mujeres tienen, en relación con esto?**

Para los hombres, el atractivo físico pierde gradualmente su valor durante el final de la adolescencia y el comienzo de la edad adulta, cediéndole el primer lugar a la inteligencia. Sin embargo, para las mujeres, la belleza retiene su posición de número uno durante toda la vida, incluso en la edad madura y más allá de ella. *La razón por la que la mujer promedio prefiere ser bella a ser inteligente es porque sabe que el hombre promedio puede ver mejor de lo que puede pensar.* El sistema de valores de la mujer se basa en el del hombre, y probablemente continuará siendo así. Las preferencias personales del hombre también están fundadas en las opiniones del sexo opuesto, ya que la mayoría de las mujeres le dan más valor a la inteligencia en el hombre que a ser bien parecido.

¿ **A menudo mi marido se burla de mi cuerpo. Sólo está bromeando, pero sus comentarios me avergüenzan y me hacen perder el interés en el sexo. ¿Por qué**

no puedo pasar por alto sus bromas aun cuando sé que él no tiene la intención de ofenderme?

En nosotros los seres humanos el sexo está relacionado de manera inseparable con nuestra naturaleza sicológica, especialmente en las mujeres. Por ejemplo, una mujer que piensa que es fea, con frecuencia se siente demasiado avergonzada de su cuerpo imperfecto para participar en el acto sexual sin sentirse incómoda. Sabe que es imposible ocultar sus muslos de 40 años, y sus defectos interfieren en su sensualidad. Del mismo modo, la persona que es tímida y se siente inferior, por lo general, expresará su sexualidad en una manera semejante a la forma en que se siente; mientras que por otra parte, es más probable que una persona segura de sí misma, y que se encuentra emocionalmente saludable, tenga una vida sexual espontánea.

Usted debe enseñarle este concepto a su marido, si es posible, ayudándole a entender que todo lo que rebaje el buen concepto que usted tenga de sí misma, probablemente se convertirá en problemas en la cama. En realidad, es casi seguro que cualquier falta de respeto que él muestre hacia usted, como persona, aparecerá también en la relación física de ustedes. Con respecto a esto, la relación entre el valor propio y la habilidad para corresponder sexualmente hace que nuestra conducta sexual sea diferente, por completo, de las reacciones mecánicas de los animales inferiores. No se pueden negar, o suprimir, las emociones que se producen al mismo tiempo en que se realiza el acto sexual.

¿ **Nunca me he sentido hermosa o atractiva para el sexo opuesto. ¿Explica esto por qué soy *extremadamente* modesta, hasta el punto de que me avergonzaría que me vieran en traje de baño?**

La modestia, o el recato, tiene tres orígenes básicos. En primer lugar, es parte integral de nuestra naturaleza humana caída. Después que Adán y Eva pecaron en el huerto del Edén, "fueron abiertos los ojos de ambos, y conocieron que estaban desnudos; entonces cosieron hojas de higuera, y se hicieron delantales" (Génesis 3:7). Todos los descendientes de Adán hemos heredado, en distintas medidas, esta misma sensibilidad en cuanto a nuestros cuerpos.

Segundo, la modestia es un resultado de la vida familiar en su comienzo. Por lo general, las mujeres a las que se les enseñó a sentirse obligadas a cubrirse impulsivamente delante de otros miembros de la familia, mantienen esa modestia excesiva aun en su relación matrimonial. Lo cual puede transformar las experiencias sexuales legítimas en una obligación cohibida.

La tercera fuente de una modestia extrema es la que usted mencionó, y esa es probablemente la más poderosa. Quienes están avergonzados de sus cuerpos se sentirán muy impulsados a cubrirlos. Uno de los mayores temores entre los estudiantes de escuela secundaria es tener que desnudarse y darse una ducha delante de sus compañeros. Los muchachos y las muchachas están igualmente aterrorizados por la posibilidad de quedar en ridículo por causa de la falta de desarrollo (o madurez). Esta vergüenza sigue siendo sentida durante los años de la edad adulta y va acompañada por sentimientos de inferioridad.

¿   **¿Qué papel desempeña la inteligencia en la autoestima de los *adultos*? ¿Tienen tendencia a olvidar los problemas que tuvieron durante sus años escolares?**

Se ha dicho que "el niño es el padre del hombre", lo que significa que nosotros los adultos somos el producto directo de nuestra propia infancia. Así que, todo lo que he dicho acerca de la autoestima de los niños se aplica a los adultos también. Todos nos hemos graduado de la "escuela de los fracasos", de la cual sólo unos pocos han escapado totalmente ilesos. Además, nuestro valor propio *todavía* está siendo evaluado basándose en la inteligencia. El doctor Richard Herrnstein, sicólogo de la Universidad de Harvard, predice que un sistema de clases sociales, fundado en la inteligencia, está en camino. Él cree que muy pronto las personas serán clasificadas en clases intelectuales rígidas, que determinarán sus carreras, su sueldos y su posición social. El doctor Herrnstein basa sus expectativas en la desintegración de las barreras raciales y sexuales que son un obstáculo para que la persona llegue a tener éxito; quedando solamente la inteligencia como la única fuente de discriminación. No estoy totalmente de acuerdo con el doctor Herrnstein, aunque estoy seguro de que habremos de ver que la capacidad mental continuará teniendo importancia en el desarrollo de la autoestima en nuestro mundo tecnológico.

¿ La mayor parte del tiempo mi hermana está luchando con sentimientos que son producidos por el concepto inferior de sí misma que ella tiene. Me resulta difícil entender qué es lo que le está pasando. ¿Puede usted explicar qué es lo que le sucede a una persona cuando se siente incapaz e inferior?

Sí, trataré de expresar los pensamientos inquietantes y las ansiedades que repercuten en lo profundo de una mente insegura. Es estar sentado solo en la casa durante las tranquilas horas de la tarde, preguntándose por qué no suena el teléfono y por qué no tiene usted amigos "verdaderos". Es desear ardientemente hablar con alguien, de corazón a corazón, pero sabiendo que no hay nadie que sea digno de su confianza. Es creer que "nadie me querría si la gente supiera cómo soy realmente". Es sentirse aterrorizado cuando usted habla ante un grupo de compañeros, y luego al regresar a casa pensar que hizo el ridículo. Es preguntarse por qué otras personas tienen muchos más talentos y habilidades que usted. Es considerarse increíblemente feo y poco atractivo sexualmente. Es admitir que usted ha fracasado como esposa y como madre. Es no gustarle nada de sí mismo y estar deseando constantemente que usted pudiera ser otra persona. Es creer que nadie le ama y que no merece ser amado por nadie. Es sentirse solo y triste. Es permanecer usted despierto, mientras todos duermen, pensando acerca del inmenso vacío interior que está sintiendo, y anhelando que alguien le ame incondicionalmente. Es sentir una lástima muy grande de sí mismo. Y más que ningún otro factor, el concepto inferior de sí mismo es la causa principal de la depresión.

¿ **Tengo una amiga que estuvo casada por nueve años, antes que su marido la dejara por otra mujer. Creo que era una esposa amorosa y dedicada a su esposo. Sin embargo, ella pensó que fue la única culpable de la ruptura de su matrimonio. Como resultado, su autoestima se desintegró, y nunca se ha recuperado. ¿Por qué se culpó ella de esta manera, cuando su esposo la engañó y se fue con una mujer más joven?**

Siempre ha sido una sorpresa para mí, el observar cuántas veces el compañero o la compañera de matrimonio que ha resultado perjudicado, es decir, la persona que claramente fue la víctima de la irresponsabilidad del otro, es quien sufre más como resultado de los sentimientos de culpabilidad e inferioridad. Qué extraño es que la persona que intentó mantener a la pareja unida, a pesar del rechazo obvio, termina preguntándose: "¿Cómo le fallé?... Simplemente no fui suficiente mujer para mantener a mi hombre... No soy 'nada' o él no se hubiera ido... Si sólo hubiera podido ser una compañera sexual más excitante... Lo obligué a irse... No soy tan bonita como para que se quedara... De todas maneras no me lo merecía".

La culpa de la desintegración matrimonial pocas veces es exclusivamente del esposo o de la esposa. Se necesitan dos para pelear, como dicen, y siempre ambos tienen parte de culpa en un divorcio. Sin embargo, cuando uno de los cónyuges decide comportarse de manera irresponsable, o tener relaciones fuera del matrimonio, o huir de sus obligaciones y compromisos familiares, la mayoría de las veces trata de justificar su conducta aumentando las faltas del otro. "Tú no diste satisfacción a mis necesidades, así que tuve que buscar satisfacerlas en otra parte", es una acusación muy común. Al aumentar, de esa manera, la culpabilidad del cónyuge, disminuye la suya propia. Si un marido, o una esposa, tiene baja autoestima, acepta estas acusaciones y recriminaciones cuando le son lanzadas. "Sí, fue mi culpa. ¡Yo te empujé a hacerlo!" Así la víctima toma toda la responsabilidad por la irresponsabilidad de su pareja, y su valor propio se destruye.

Yo no recomendaría que la amiga de usted se quede sentada odiando los recuerdos de su esposo. La amargura y el resentimiento son el cáncer de las emociones, y nos destruyen desde el interior. No obstante, si yo estuviese aconsejando a su amiga, la animaría a que examinara los hechos con cuidado. Ella debería tratar de responder preguntas como las siguientes: "A pesar de mis flaquezas humanas, ¿le di importancia a mi matrimonio y traté de preservarlo? ¿Decidió destruir el matrimonio mi marido, y después buscar una justificación para sus acciones? ¿Me dio una oportunidad como es debido para resolver los problemas que causan más enojo? ¿Podría haberle retenido, si hubiera hecho todos los cambios que él quería? ¿Es razonable que yo me odie por las cosas que han sucedido?"

Su amiga debe entender que el rechazo social produce sentimientos de inferioridad y de autocompasión en grandes proporciones. Y el rechazamiento hecho por la persona a quien usted ama, es el destructor *más* poderoso de la autoestima, en toda la esfera de la experiencia humana. Su amiga podría ser ayudada a verse a sí misma como una víctima de este proceso, en vez de una persona inútil que ha fracasado en el juego del amor.

¿ **Conozco a una mujer que tiene una necesidad enorme de otras personas, pero sin querer las ahuyenta. Habla demasiado y constantemente está quejándose, y hace que todo el mundo quiera estar lejos de ella. Sé que tiene un complejo de inferioridad terrible, pero yo podría ayudarla si me dejara hacerlo. ¿Cómo puedo de-**

cirle acerca de estos defectos irritantes, sin hacer que se sienta todavía peor acerca de sí misma?

Hágalo de la manera en que el puerco espín hace el amor: *muy*, pero muy cuidadosamente. Déjeme que le dé un principio general que tiene miles de aplicaciones al tratar con las personas, incluyendo la situación que usted ha planteado. *El derecho a criticar debe ser ganado, aunque la crítica sea de naturaleza constructiva.* Antes de que usted tenga el derecho a tratar de reparar el concepto que de sí mismo tiene alguien, está obligada a *primero* demostrar su propio respeto hacia él o ella, como persona. Esto se consigue por medio de una atmósfera de amor, amabilidad y cariño. Después, cuando una relación de confianza ha sido cuidadosamente establecida, usted se habrá ganado el derecho a hablar de un tema que sea potencialmente amenazador. De ese modo sus intenciones habrán sido aclaradas.

Le sugiero que haga un esfuerzo por establecer una buena relación con su amiga que habla demasiado, y luego suminístrele sus sugerencias poco a poco. Y recuerde todo el tiempo que alguien, en alguna parte, también tiene interés en corregir algunos de los defectos de usted. Todos tenemos unos cuantos de ellos.

¿ **He sufrido por sentimientos de baja autoestima por años, y he buscado ayuda de un siquiatra durante un período de mucha depresión en mi vida. Sin embargo, en lugar de aumentar mi autoestima, fue frío e indiferente conmigo. Yo sentía que él simplemente estaba haciendo su trabajo y que yo no le importaba realmente. Me pregunto cómo trataría usted a un paciente con mi clase de problema.**

Ha sido muy desalentador para mí el ver que tantos de mis colegas (siquiatras, sicólogos y consejeros) han pasado por alto los sentimientos que usted ha descrito como una de las causas más evidentes de angustia emocional. La falta de autoestima produce más síntomas de trastornos siquiátricos que cualquier otro factor identificado hoy en día.

Una y otra vez, en mi práctica como sicólogo, he hablado con personas que desean, de manera desesperada, ser respetadas y aceptadas. Están ansiosas de afecto y cariño, así como de apoyo emocional y de sugerencias para lograr un cambio en sus vidas. Sin embargo, si un paciente con la misma necesidad hubiera acudido al doctor Sigmund Freud en su época, el inmortal abuelo del sicoanálisis se hubiera echado hacia atrás en su asiento, con una actitud de indiferente profesionalismo, y se habría puesto a analizar las represiones sexuales del paciente. Si el mismo paciente hubiera buscado la ayuda del doctor Arthur Janov, el innovador de la terapia del primer llanto del recién nacido, le habría aconsejado que se revolcara por el suelo llorando como un bebé. (¡Qué tonto es, según mi punto de vista, este tipo de "terapia"!) Otros terapeutas modernos le habrían dicho a la misma persona que agrediera a los demás miembros de un "grupo de encuentro", y fuera agredido por ellos, o que se desnudara delante de un grupo, o le pegara a su madre y a su padre con un cinto. ¡Creámoslo o no lo creamos, hace algunos años, uno de los temas de mayor controversia en conferencias siquiátricas, tuvo que ver con la sensatez de que las pacientes tuvieran relaciones sexuales con sus terapeutas masculinos! ¿Nos habremos vuelto locos de remate? Cada vez que las personas ponen a un lado la moralidad, todo lo que hacen carece de sentido, independientemente de sus títulos y certificados profesionales. Tal vez, por eso se le llama a la siquiatría "el estudio de los idiotas hecho por los excéntricos". (No es mi intención menospreciar a los miembros de la rama más ortodoxa de la profesión siquiátrica.)

Estoy firmemente convencido de que la mejor manera de tratar a un paciente angustiado, es transmitirle, de manera convincente, el siguiente mensaje, aunque no sea con palabras: "La vida le ha tratado muy mal a usted, y ha sufrido mucho. Hasta el momento, ha tenido que enfrentarse a todos sus problemas sin el apoyo de nadie, y en algunas ocasiones su desesperación ha sido abrumadora. Permítame ahora compartir su carga. De aquí en adelante, usted me interesa como persona; merece mi respeto y lo tendrá. Deseo que haga todo lo posible para dejar de preocuparse por sus problemas, y que confíe en mí para hablarme de ellos. Nos concentraremos nada más en el presente y en el futuro, y juntos buscaremos las soluciones más apropiadas."

De pronto, el paciente, que hasta ese momento estaba aislado, ya no experimenta la sensación más deprimente que cualquier ser humano puede sentir: la soledad, y piensa: "¡Le intereso a alguien! ¡Alguien me entiende! Alguien me asegura, con certeza profesional, que sobreviviré. No moriré en este mar de depresión, como temía. Tengo un amigo que me ha lanzado un salvavidas y me promete que no me abandonará en la tormenta." Esto es terapia verdadera, y es ejemplo de la esencia del mandamiento cristiano de sobrellevar "los unos las cargas de los otros".

¿   **No estoy enfrentándome muy bien a los problemas de la autodesconfianza. Siento que soy fea, despreciada e indigna. ¿Qué pudiera decirme usted, que me sirva de estímulo?**

¿No es hora de que usted se haga amiga de sí misma? ¿No existen ya suficientes dolores de cabeza en esta vida sin que usted se golpee la cabeza contra esa vieja pared de los sentimientos de inferioridad, año tras año? Si yo hiciera una caricatura que representara a los millones de adultos que, como usted, tienen baja autoestima, dibujaría un viajero encorvado y cansado, que lleva sobre la espalda una cadena larga que arrastra toneladas de hierro viejo, llantas usadas y basura de toda clase. Cada una de esas cosas inservibles tendría inscritos los detalles de alguna humillación, un fracaso, una vergüenza, un rechazo del pasado. El viajero podría soltarse de la cadena y librarse de la pesada carga que lo inmoviliza y agota, pero por alguna razón está convencido de que tiene que arrastrarla de por vida. Así que sigue, con dificultad, caminando hacia adelante, dejando una huella profunda en el camino por donde va.

Usted puede librarse del peso de la cadena con sólo decidir soltarla. Sus sentimientos de inferioridad están basados en una distorsión de la realidad, vista a través de ojos infantiles. Las normas por las que usted se ha evaluado a sí misma, están cambiando y no son de fiar. El doctor Maxwell Maltz, cirujano plástico y autor del libro *Psycho-Cybernetics [Sico-cibernética]*, dijo que en la década de 1920 las mujeres acudían a él para que les redujera el tamaño de los senos. Hoy en día, piden que se los agranden con silicona. ¡Esos son valores falsos! En la canción bíblica de amor del rey Salomón, su esposa les pidió a las mujeres de Jerusalén que no tomaran en cuenta el color oscuro de su piel, debido a haber estado expuesta al sol. En esos días, lo correcto era el color blanco. Pero ahora la morena esposa de nuestro hermano Salomón sería la envidia de cualquier playa. ¡Esos son valores falsos! Las mujeres modernas se avergüenzan al admitir que tienen cuatro kilos de sobrepeso, sin embargo, al famoso pintor del siglo pasado, Rembrandt, le hubiera dado mucho gusto el pintar sus cuerpos redondeados. ¡Esos son valores falsos! ¿No entiende usted que su valor personal no depende, en realidad, de las opiniones de los demás, ni de los valores temporales y fluctuantes que esas opiniones representan? Cuanto antes pueda usted aceptar el valor superior de su naturaleza como ser humano, más pronto podrá aceptarse a sí misma. Estoy de acuerdo con el escritor que dijo: "Mientras cuidamos de lo externo, ¿por qué no conquistamos lo interno?" No es una mala idea.

¿ **Estoy enfrentándome a mis insuficiencias bastante bien, y ahora creo que estoy preparado para dar algunos pasos en la dirección de la confianza en mí mismo. ¿Qué me recomienda usted?**

Contestar esa pregunta podría llevarme una semana, pero permítame que sólo dé la primera sugerencia que me viene a la mente. He observado, en distintas ocasiones, que las necesidades y los problemas de una persona disminuyen, cuando está ocupada ayudando a otra con sus dificultades. Es difícil concentrarse en las aflicciones que uno tiene cuando se está ayudando a alguien a llevar su carga y a encontrar soluciones a sus problemas. Por lo tanto, le aconsejo que conscientemente se acostumbre a hacer algo por otros. Visite a los enfermos. Haga un pastel para alguno de sus vecinos. Use su auto para proveer de transporte a los que carecen de medios. Y quizá lo que es más importante, aprenda a escuchar con atención. El mundo está lleno de personas que están solas y desanimadas, como estaba usted, y usted se encuentra en una posición excelente para identificarse con ellas. Y mientras lo hace, le aseguro que sus propios sentimientos de inutilidad comenzarán a desaparecer.

¿ **Usted apoya firmemente la idea de desarrollar la autoestima en los niños, pero tengo algunos problemas teológicos en cuanto a esto. La Biblia condena el orgullo desde el Génesis hasta el Apocalipsis y dice que los seres humanos no son mejores que los gusanos. ¿Cómo defiende usted su posición a la luz de las Escrituras?**

Es mi opinión que ha prevalecido una gran confusión entre los seguidores de Cristo acerca de la distinción entre el orgullo y la autoestima. Parece que usted se encuentra entre las personas que creen realmente que los cristianos deben mantener una actitud de inferioridad para evitar los peligros de la autosuficiencia y la arrogancia. Yo no creo así.

Hace algunos años, después de haber hablado ante un público bastante numeroso en la ciudad de Boston, se me acercó una señora ya entrada en años, la cual rechazaba mis puntos de vista sobre la importancia de la confianza que los niños deben tener en sí mismos. Mis comentarios eran contrarios a su teología, y me dijo: "Dios no quiere que yo crea que soy superior a un gusano" (me imagino que se refería a la analogía hecha por David en el Salmo 22:6).

"Me gustaría respetarme a mí misma", continuó diciendo, "pero Dios no aprobaría este tipo de orgullo, ¿verdad?"

Las palabras sinceras de esta señora me conmovieron. Me dijo que había sido misionera durante 40 años, y que además había renunciado a casarse para servir a Dios mejor. Mientras trabajaba como misionera en el extranjero, contrajo una enfermedad y se debilitó tanto que llegó a pesar menos de cuarenta kilos. Mientras hablaba, pude sentir el gran amor que el Padre celestial tenía hacia aquella sierva fiel. Aunque literalmente había consagrado su vida al servicio del Señor, no consideraba que en los últimos años que le quedaban de vida tenía el derecho de pensar que había realizado una buena labor.

Lamentablemente, a esta misionera (como les ha sucedido a miles de otros cristianos) le habían enseñado que no tenía ningún valor personal. Pero esa enseñanza no procede de las Escrituras. Jesús no dejó su trono en el cielo para morir por los "gusanos" de este mundo. Su sacrificio fue por esa pequeña mujer, por mí y por todos sus seguidores, de los cuales él no se avergüenza de llamarnos hermanos. ¡Qué concepto éste! Si Jesús es mi hermano, eso me hace parte de la familia de Dios, y me garantiza que yo sobreviviré al universo. ¡Y eso, mi amigo, es a lo que yo llamo: autoestima genuina!

Es verdad que la Biblia condena terminantemente el concepto del orgullo humano. En realidad, parece que Dios tiene un aborrecimiento especial para este pecado en particular. He contado 112 referencias en las Escrituras que nos advierten específicamente contra las actitudes de orgullo. Esto es bastante claro en Proverbios 6:16-19:

> *Seis cosas aborrece Jehová, y aun siete abomina su alma: los ojos altivos, la lengua mentirosa, las manos derramadoras de sangre inocente, el corazón que maquina pensamientos inicuos, los pies presurosos para correr al mal, el testigo falso que habla mentiras y el que siembra discordia entre hermanos.*

Es interesante que "los ojos altivos", es decir, la altivez o arrogancia, ocupa el *primer* lugar en esta lista de los siete pecados que Dios aborrece más. Tal parece que está por encima del adulterio, la blasfemia y de otros actos de desobediencia. Y en vista de que la Palabra de Dios le da tanta importancia, es mejor que conscientemente evitemos cometerlo si es que deseamos agradar al Señor. Pero, primero debemos entender qué significa la palabra "orgullo".

Los idiomas tienen vida, y por lo tanto, a medida que pasa el tiempo, el significado de las palabras cambia. Y en este caso, la palabra "orgullo" tiene hoy muchos significados distintos de los que tenía en los tiempos bíblicos. Por ejemplo, un padre o una madre siente "orgullo" cuando su hijo o su hija tiene éxito en la escuela, o gana una carrera. Pero no puedo creer que Dios se disguste porque un padre se entusiasme, lleno de cariño, cuando piensa en el hijo o la hija que le fue encomendado.

También decimos que una persona se siente orgullosa por el trabajo que ha realizado, o hablamos del orgullo que experimenta un buen cocinero. Estas son emociones muy positivas que significan que una persona está dedicada a la labor que realiza, que tiene confianza en sí misma, y que llevará a cabo lo que se espera que haga. Es evidente que estas actitudes no pueden representar al principal de los siete pecados que Dios aborrece más.

También estoy convencido de que la Biblia no condena una actitud discreta de respeto de sí mismo. Jesús nos mandó que amemos a nuestro prójimo como a nosotros mismos, y lo que quiso decir es que no sólo podemos, dentro de la medida de lo razonable, amarnos a nosotros mismos, sino que es imposible que amemos a los demás mientras que no nos respetemos a nosotros mismos.

Entonces, ¿cuál es el significado bíblico del orgullo? Creo que el orgullo pecaminoso es el que se manifiesta cuando tenemos una actitud de autosuficiencia arrogante que nos mueve a violar los dos mandamientos fundamentales de Jesús, que son: primero, amar a Dios con todo nuestro corazón, con toda nuestra mente, y con todas nuestras fuerzas; y segundo, amar a nuestro prójimo como a nosotros mismos. Una persona orgullosa es demasiado presumida y vanidosa como para inclinarse humildemente ante su Creador, confesar sus pecados, y someterse a una vida de servicio a Dios; o puede ser que odie a su prójimo, y sea indiferente a los sentimientos y necesidades de las personas que le rodean. Podemos echarle la culpa de la mayoría de los males que existen en el mundo, incluso la guerra y el crimen, a este orgullo pecaminoso. Por eso, el autor de Proverbios habla de "los ojos altivos" como del peor mal que puede existir.

Permíteme enfatizar, además, que la búsqueda de la autoestima nos puede conducir en la dirección del orgullo inaceptable. Durante la década pasada, hemos visto surgir la generación del "yo", que ha sido cuidadosamente fomentada por los sicólogos humanistas, que no aceptan los dictados de las Escrituras. Uno de los libros que tuvo mayor venta en esa época fue el titulado: *Looking Out for #1* [Sea el número uno], que alienta a los lectores a reservar lo mejor para sí mismos. Algunos lemas muy populares, reflejan esta misma actitud egoísta, como: SI TE GUSTA, ¡HAZLO!, y HAZ LO QUE TÚ QUIERAS. Esta filosofía de "primero yo", tiene el poder para hacer pedazos a nuestro mundo, ya sea que se aplique al matrimonio, a los negocios, o a la política internacional.

En resumen, yo no he recomendado una filosofía de "primero yo". No he sugerido que a los niños se les enseñe a ser arrogantes y autosuficientes, o que se les incite a ser egoístas. (Esto sucederá sin que los padres los animen en lo más mínimo.) Mi propósito ha sido ayudar a todos los padres y madres a preservar la salud espiritual, mental y física. Y creo que este objetivo está en armonía con las perspectivas bíblicas.

5

La depresión en las mujeres

¿ **¿Es más común la depresión entre los hombres o las mujeres?**

La depresión ocurre con menos frecuencia entre los hombres, y aparentemente está más relacionada con las *crisis*. En otras palabras, los hombres se deprimen por problemas específicos, tales como un contratiempo en los negocios y la enfermedad. No obstante, es menos probable que experimenten la vaga sensación generalizada de desaliento a la que muchas mujeres se enfrentan con regularidad. Incluso un día nublado puede ser suficiente para producir un decaimiento físico y emocional para las que son particularmente vulnerables a la depresión.

¿ **Cuando las mujeres se deprimen, ¿cuál es la queja específica, que está más comúnmente relacionada con la condición?**

Yo les he hecho esa pregunta a más de 10,000 mujeres, a las cuales se les dio la oportunidad de llenar un cuestionario titulado: "Las causas de la depresión en las mujeres". A la cabeza de la lista se encontraba el problema de la baja tima. Más de 50 por ciento de un primer grupo que fue examinado, marcó esto en particular por encima de todas las demás alternativas en la lista. Y 80 por ciento lo colocó entre las cinco primeras. Este resultado está por completo de acuerdo con mis propias observaciones y con lo que yo esperaba: hasta en mujeres jóvenes, que al parecer están saludables y tienen un matrimonio feliz, la falta de confianza en sí mismas las lastima en lo más profundo y deja las cicatrices más desagradables. Este mismo enemigo antiguo y terrible se revela de manera habitual durante los primeros cinco minutos de una sesión en la que ella busca ser aconsejada: los sentimientos de insuficiencia y falta de confianza se han convertido en una forma de vida para millones de mujeres.

¿ **Mi esposa ha estado muy deprimida por casi tres meses. ¿Qué clase de tratamiento o terapia recomendaría usted para ella?**

Llévela a un médico, probablemente un especialista de medicina interna, tan pronto como sea posible. Esta clase de depresión prolongada puede llegar a tener consecuencias médicas y sicológicas muy serias, pero generalmente responde muy bien al tratamiento. Existen medicinas antidepresivas muy eficaces para controlar la mayoría de los casos de depresión severa. Por supuesto, los medicamentos no remediarán las circunstancias que provocaron su problema original, y las posibilidades de baja autoestima, y de otras causas, deben tratarse, quizá con la ayuda de un sicólogo o siquiatra.

¿ **Tengo la tendencia a sentirme deprimida después de los días de fiesta, pero no sé por qué. Estos días especiales son muy felices para mi familia. ¿Por qué me encuentro en un estado de depresión después de ocasiones tan agradables?**

Le será útil comprender la naturaleza del ritmo emocional de los seres humanos. Todo lo que nos hace "volar a gran altura" preparará el vuelo para que luego "descendamos en picada", y viceversa. Por ejemplo, hace varios años, mi esposa y yo compramos una casa más nueva la que teníamos. Habíamos esperado varios años antes de encontrar la casa, y nos sentimos muy entusiasmados cuando todo el proceso de la compra estuvo terminado y, finalmente, la propiedad era nuestra. Aquella enorme alegría había durado por varios días, y durante ese tiempo hablé de nuestra experiencia con mi esposa Shirley. Le mencioné que nos habíamos estado sintiendo muy contentos, y que nuestro entusiasmo no podía continuar indefinidamente. Las emociones no operan a una velocidad máxima por mucho tiempo. Lo más importante era que probablemente nuestra actitud mental sufriría un decaimiento tremendo dentro de poco tiempo. Como era de esperar, unos tres días después los dos experimentamos una desilusión imprecisa, que nos condujo a una depresión moderada. La casa no parecía tan maravillosa, y no había nada digno de mucho entusiasmo. Sin embargo, al haber previsto la "depresión", reconocimos su fluctuación temporal y la aceptamos cuando llegó.

Por lo tanto, la depresión se debe de comprender como una ocurrencia relativamente predecible. Es probable que aparezca, como en el caso de usted, después de un día de fiesta lleno de mucha actividad, o después del nacimiento de un niño, de haber conseguido un ascenso en su trabajo, o aun después de unas tranquilas vacaciones. La causa de este fenómeno es, en parte, física en naturaleza. Cuando la persona está muy alegre esto consume grandes cantidades de energía, puesto que todos los sistemas operan a un ritmo acelerado. La consecuencia inevitable es la fatiga y el agotamiento, lo cual trae consigo un estado de depresión. Así es que, estar en la cumbre de la montaña *tiene que ser* seguido de encontrarse luego en la profundidad del valle. El sistema está gobernado por una ley sicológica. Usted puede contar con ello. Pero en la persona saludable, felizmente, los momentos de depresión ceden el paso, al fin y al cabo, a los momentos de alegría.

¿ **En nuestra casa vivimos lo que usted ha descrito como un "pánico habitual". Tengo tres hijos menores de seis años, y nunca me pongo al día con mi trabajo. ¿Qué puedo hacer para llegar a vivir a un ritmo un poco más lento, cuando cada minuto del día (y de la noche) tengo que estar cuidando a mis hijos?**

Es posible que en la manera que usted gasta el dinero se encuentre una respuesta muy útil. La mayoría de las familias tienen una "lista de prioridades" de las cosas que van a comprar cuando hayan ahorrado suficiente dinero. Es mi convicción que la ayuda doméstica para la madre de niños pequeños debiera ocupar un lugar en esa lista de prioridades. Sin esa ayuda, ella está sentenciada a la misma clase de responsabilidades los siete días de la semana. Durante varios años, ella no podrá escapar de la interminable carga de pañales sucios, narices que limpiar y platos que fregar. Si de vez en cuando le es posible compartir la carga con alguien, habrá de ser una mejor madre y trabajará de una forma más eficiente. Esto es más importante para la felicidad del hogar que comprar cortinas nuevas o una sierra eléctrica para papá.

Pero ¿cómo pueden las familias de la clase media, tener los recursos para emplear a alguien que ayude con la limpieza de la casa y el cuidado de los niños en estos tiempos de inflación? Podría lograrse utilizando los servicios de estudiantes de escuela secundaria que sean competentes, en lugar de adultos. Sugiero que usted llame a la oficina de asesoramiento de la escuela secundaria más cercana, si este servicio está disponible en su ciudad. Dígale al consejero que necesita una estudiante de tercero o cuarto año para que le ayude con algún trabajo de limpieza en su casa. No le haga saber que está buscando una empleada permanente. Cuando la joven llegue, póngala a prueba por un día, y vea qué tal hace el trabajo. Si es muy eficiente, ofrézcale empleo semanal. Si es lenta e inconstante, déle las gracias por haber venido, y la semana siguiente llame solicitando que le envíen otra estudiante. Existen notables diferencias entre las muchachas de escuela secundaria, según su madurez, y finalmente usted encontrará una que trabajará como una mujer adulta.

Voy a dar algunas ideas que pueden ayudarle a usted a soportar las presiones de su vida diaria.

1. Reserve algún tiempo para usted misma. Al menos una vez por semana vaya de compras, juegue algún deporte o simplemente "desperdicie" una tarde ocasional. Cada semana, o por lo menos cada tercera semana, usted y su esposo debieran salir juntos, dejando a los niños en la casa.

2. No luche con las cosas que no puede cambiar. Concéntrese en las cosas buenas que hay en su vida. Los hombres y las mujeres deben reconocer que el descontento puede convertirse en una mala costumbre: una actitud muy costosa que puede impedirles disfrutar de la vida.

3. No trate de resolver los problemas importantes muy tarde por la noche. Todos los problemas parecen imposibles de resolver a esas horas avanzadas, y las decisiones que se tomen podrían ser más emocionales que racionales.

4. Otra idea útil es hacer una lista de las responsabilidades que uno tiene. Las ventajas de escribir esta clase de lista son varias: (1) Usted sabe que no se le va a olvidar nada. (2) Podrá estar segura de que hará primero lo que es más importante. Si al final del día algo se hubiera quedado sin hacer, usted por lo menos habría hecho las cosas que eran más urgentes. (3) Tache las tareas según vaya terminándolas, y así le será fácil ver luego en su lista todo lo que pudo llegar a realizar.

5. Pídale a Dios que la ayude. El matrimonio y el ser padres no son invenciones humanas. Dios, en su infinita sabiduría, creó y ordenó la familia como la unidad básica de la procreación y del compañerismo. Las soluciones a los problemas que los padres tienen en estos tiempos modernos pueden ser halladas por medio del poder de la oración, recurriendo personalmente a nuestro Gran Creador.

¿ **Mi esposa está dedicada, por completo, a la ocupación de ama de casa, y tenemos tres hijos menores de seis años. Ella se deprime con frecuencia, especialmente cuando no puede hacer todo lo que se espera de ella. Pero yo estoy muy ocupado, también, y me veo obligado a trabajar muchas horas extras. ¿Qué puedo hacer para ayudar a María a salir adelante en estos años de tanto trabajo?**

Permítame que le haga dos sugerencias.

1. Por algún motivo, los seres humanos (y en particular las mujeres) toleran el estrés y las presiones mucho más fácilmente si por lo menos una persona más sabe lo que están soportando. Este principio está clasificado bajo la categoría de la "comprensión humana", y es muy importante para las amas de casa. Las frustraciones que se experimentan al criar niños pequeños y encargarse de los deberes domésticos serán más fáciles de controlar por su esposa si usted le hace saber que comprende todo lo que ella está experimentando. Aun si usted no puede hacer nada para cambiar la situación, el simple hecho de que usted se dé cuenta de que hizo un trabajo digno de admiración, hará que para ella sea más fácil repetir la tarea mañana. Pero generalmente ocurre todo lo contrario. Por lo menos ocho millones de esposos cometerán el error de hacer la pregunta imperdonable al llegar a casa hoy en la noche: "Querida, ¿qué hiciste en todo el día?" La misma naturaleza de la pregunta insinúa que no ha hecho nada más que sentarse ante la televisión tomando café desde que se levantó al mediodía de la cama. Ella quisiera matarlo por esa insinuación.

   Todo el mundo necesita saber que es respetado por la forma en que cumple con sus responsabilidades. Los maridos obtienen este apoyo emocional por medio de su ocupación, con ascensos, aumentos de sueldo, evaluaciones anuales y elogios casuales durante el día de trabajo. Las mujeres que se quedan en el hogar lo obtienen por medio de sus maridos, si es que lo obtienen en absoluto. Las esposas y madres más infelices son, con frecuencia, las que tienen que enfrentarse solas a su fatiga y a la falta de tiempo, y sus maridos nunca están muy seguros de por qué están tan cansadas.

2. Los maridos *y* las mujeres deberían protegerse, de manera constante, contra la tortura de cargarse de demasiadas obligaciones. Incluso las actividades que valen la pena y que son agradables llegan a ser perjudiciales cuando consumen nuestra última gota de energía, o los últimos momentos del día, que nos quedan libres. Aunque pocas veces es posible para una familia ocupada, todos necesitan perder algún tiempo de vez en cuando: caminar lentamente, pateando piedrecitas por el camino y pensando cosas agradables. Los hombres necesitan la oportunidad de entretenerse haciendo algo en el garaje, y las mujeres necesitan hacer cosas de niñas de nuevo. Pero, como ya he descrito, todo el mundo parece conspirar en contra de tales actividades que sirven para restaurarnos. Incluso nuestras vacaciones son apresuradas: "Tenemos que llegar a tal o cual lugar antes de oscurecer".

Puedo proveer un remedio simple, para una vida más feliz y saludable, pero debe ser puesto en práctica por cada familia individualmente. *Usted* debe proponerse frenar la marcha; debe aprender a decir "no" cortésmente, debe resistir la tentación de buscar más placeres, más pasatiempos, más compromisos sociales; usted debe mantenerse firme como un soldado. Tres preguntas, muy importantes, deberían ser hechas acerca de cada nueva actividad que se presente: ¿Es digna de nuestro tiempo? ¿Qué tendrá que ser eliminado si se agrega esta actividad? ¿Cuál será su impacto en nuestra vida familiar? Sospecho que la mayoría de las cosas que nos mantienen ocupados durante todo el día obtendrían una calificación muy baja en este examen de tres preguntas.

¿ **He notado que el desánimo y la derrota espiritual son mucho más comunes cuando estoy cansado que cuando no lo estoy. ¿Les sucede esto a los demás?**

Cuando una persona está agotada, la atacan ideas que creía que hacía tiempo que las había vencido. El famoso entrenador de fútbol americano, Vince Lombardi, les dijo una vez a los jugadores de su equipo por qué los obligaba tan estrictamente a mantenerse en condiciones físicas apropiadas. Les dijo: "La fatiga hace que todos seamos cobardes". Tenía toda la razón. Cuando las reservas de energía física se agotan, la habilidad de uno para rechazar los pensamientos inquietantes y las impresiones extrañas se reduce enormemente.

¿ **La mayoría del tiempo estoy deprimida, y me preocupo de que mis hijos sean afectados por mi disposición de ánimo. ¿Son vulnerables los niños, por lo general, al desánimo y la depresión de los padres?**

Según el Doctor Norman S. Brandes, siquiatra infantil, los niños son *muy* sensibles a la depresión de los adultos que están a su alrededor. Con frecuencia, también ellos se deprimen, aun cuando los adultos creen que han ocultado su desesperación. Además, sus hijos la están observando cuidadosamente y están "aprendiendo" de usted cómo enfrentarse a los sentimientos de frustración. En pocas palabras, por medio de su depresión usted les está enseñando, de una manera eficaz, a reaccionar del mismo modo en el futuro.

Si su depresión sigue siendo crónica, como da a entender en su pregunta, le aconsejo que busque ayuda profesional. En primer lugar, consulte con su médico, quien pudiera descubrir alguna causa física para su continuo desaliento. De no ser así, él podría enviarla a un sicólogo. Esto no significa que usted es una neurótica o enferma mental. Podría sólo indicar que necesita examinar las cosas que le molestan, con la ayuda de un consejero competente.

¿ **¿Puede explicar usted por qué tantas personas expresan una falta de satisfacción con la vida, a pesar de que tenemos tantos bienes materiales? Me parece extraño que los países más ricos de la tierra están habitados por el mayor porcentaje de personas deprimidas e infelices.**

El sistema emocional humano no presta atención a lo que se da por sentado. La buena salud, la comida deliciosa, el entretenimiento placentero, las circunstancias pacíficas y los hogares hermosos son de poca importancia para los que han tenido todas estas cosas desde que nacieron. ¿Ha visto usted a un adolescente sano levantarse por la mañana y expresar agradecimiento por no tener artritis, o porque su vista es buena, o porque puede respirar fácilmente, o porque se siente bien? Probablemente no. Él nunca ha sufrido dolor o enfermedad por largo tiempo, y acepta su buena salud sin siquiera pensar en ella. Pero cuando esas bendiciones, que son las más grandes de la vida, empiezan a desaparecer, nuestro aprecio por ellas aumenta. Para el hombre que se enfrenta a un deterioro físico continuo y a la muerte prematura, el mundo adquiere un nuevo significado: la hermosura de un árbol, el privilegio de ver la puesta del sol, la compañía de los seres queridos; todo se vuelve más significativo.

Pienso que este concepto explica muchos de los problemas emocionales y los síntomas siquiátricos que nos asedian. Hemos aprendido a esperar lo mejor durante nuestra existencia en este mundo. Nos sentimos casi merecedores, por decreto divino, de por lo menos 72 años de plena felicidad, y cualquier cosa que sea menos es causa de una gran agitación. En otras palabras nuestro *nivel de expectativas* es increíblemente alto. Pero la vida raras veces nos cumple esa promesa. Nos da desilusión, frustración, enfermedad, dolor y soledad, incluso en las mejores circunstancias. Por lo tanto, hay una diferencia inevitable entre la vida *tal como es* y cómo debería ser.

El resultado es un alto índice de depresión, especialmente entre las mujeres; una cantidad inaceptable de suicidios, especialmente entre los jóvenes; y una ansiedad generalizada, entre los demás. He conocido a hombres que tienen úlceras como resultado de problemas relativamente insignificantes en sus negocios. He visto a mujeres sufrir agitación diaria por inconveniencias sin importancia, como un sofá en malas condiciones o una vecina malhumorada, cuando todas las demás dimensiones de sus vidas eran perfectas.

Compare la inestabilidad de tales individuos con las actitudes de familias alemanas cerca del final de la Segunda Guerra Mundial. Todos los días, mil aviones de bombardeo británicos descargaban su carga destructiva sobre Hamburgo, Berlín y Munich. De noche, los aviones norteamericanos hacían lo mismo. Los seres amados estaban muriendo por todos lados. Los vecindarios quedaban destruidos y quemados. Los niños pequeños eran mutilados y muertos. No alcanzaba la comida y el agua estaba contaminada. Sus mismas vidas estaban destrozadas. Sin embargo, los historiadores nos dicen que su ánimo quedó intacto hasta el final de la guerra. No se quebrantaron. Se ocupaban de poner en orden sus hogares y sacar el mejor partido de su horrible situación.

¿Cómo podemos explicar esta clase de ánimo frente al desastre, en comparación con las personas que viven con tanta comodidad y lujo, quienes, aunque tienen todo, están retorciendo las manos en las oficinas de los siquiatras? La diferencia se puede encontrar en el nivel de lo esperado. Los alemanes esperaban tener que sacrificarse y experimentar sufrimiento. Por lo tanto, estaban preparados para lo peor cuando les llegó. Pero nosotros somos vulnerables a la menor frustración porque se nos ha enseñado que los problemas se pueden evitar. Hemos permitido que nuestras emociones nos gobiernen, y al hacerlo así, hemos llegado a ser simples esclavos de nuestros sentimientos.

6

Comprendiendo la tensión premenstrual

¿ **¿Son los cambios bruscos de humor que experimento antes de los períodos menstruales algo que padecen todas las mujeres? Me considero como si yo fuera alguna cosa rara porque cada mes me siento tan deprimida y susceptible.**

¡Por supuesto, que usted no es ninguna cosa rara! Lo que está experimentando, lo padecen cada mes, por lo menos 30 por ciento de las mujeres. Hay muchos síntomas que son característicos de la tensión premenstrual, incluyendo pereza, irritabilidad, falta de energía, hostilidad, un nivel bajo de tolerancia al ruido, baja autoestima, depresión, inseguridad, disminución del instinto sexual, y un temor impreciso acerca del futuro.

¿ **¿Podría describir usted, con todos los detalles, las fluctuaciones en el estado de ánimo, relacionadas con el ciclo menstrual? ¿Es cierto que esta influencia química es evidente no sólo durante el período, o antes de él, sino en otras ocasiones también?**

Se ha dicho, con bastante precisión, que las cuatro semanas del ciclo menstrual pueden ser descritas comparándolas con las cuatro estaciones del año. La primera semana después del período puede ser llamada la primavera del calendario fisiológico. Nuevo estrógeno (una de las hormonas femeninas) es producido diariamente, y el cuerpo de la mujer comienza a recuperarse del invierno reciente.

La segunda semana representa el verano del ciclo, cuando la vida es fácil. Durante esta fase la mujer tiene más confianza en sí misma, que durante ninguna otra fase del mes. Es un tiempo de energía máxima, entusiasmo, amabilidad y autoestima. Los niveles de estrógeno son responsables de gran parte de este optimismo, y llegan a su cumbre en la mitad del ciclo, cuando ocurre la ovulación. La relación entre el marido y la mujer se encuentra, típicamente, en la mejor condición posible, durante esos días de "verano", cuando el deseo sexual (y la posibilidad del embarazo) están en su punto más alto.

Pero con toda seguridad el otoño viene después del verano. Los niveles de estrógeno disminuyen constantemente mientras el cuerpo de la mujer se prepara para otro período de menstruación. Una segunda hormona es segregada, llamada progesterona, la cual reduce el efecto del estrógeno e inicia los síntomas de la tensión premenstrual. Esta es una fase triste del mes. La autoestima se deteriora día a día, causando depresión y pesimismo. Muchas veces, una sensación de hinchazón y pereza produce no sólo malestar sino también la idea de que "soy fea". La irritabilidad y la agresividad llegan a ser evidentes cada vez más, a medida que la semana avanza, alcanzando el punto culminante inmediatamente antes de la menstruación. Y entonces, llega el período de invierno del flujo menstrual.

Las mujeres son diferentes, de una manera notable, en cuanto a la intensidad de estos síntomas, pero la mayoría de ellas experimentan algún malestar. Las más vulnerables incluso sienten la necesidad de pasar uno o dos días en cama durante la temporada de "invierno", padeciendo de dolores y malestar general. En forma gradual, el tiempo de sufrimiento pasa, y regresa la refrescante novedad de la primavera.

¿ He observado que experimento los sentimientos más grandes de insuficiencia e inferioridad, durante la etapa "premenstrual", unos días antes de mi período. ¿Puede explicar usted por qué sucede esto?

Pocas mujeres saben que existe una relación directa entre los niveles de estrógeno (que es la principal hormona sexual femenina) y la autoestima. Así que, normalmente el valor personal de la mujer fluctúa, de una manera predecible, durante el ciclo de 28 días. La gráfica que aparece a continuación muestra esta relación.

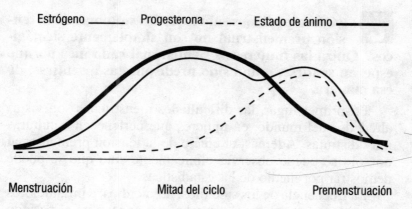

Niveles hormonales y estado de ánimo normales. En el ciclo menstrual normal, el estrógeno alcanza el nivel máximo en la mitad de éste (o sea al tiempo de la ovulación). Durante la segunda mitad del ciclo están circulando el estrógeno y la progesterona, disminuyendo con rapidez justamente antes de la menstruación. El estado de ánimo cambia con los niveles hormonales fluctuantes: las mujeres sienten la más alta autoestima, y la menor ansiedad y hostilidad en la mitad del ciclo.

Note que los niveles de estrógeno, así como el estado de ánimo en general, se encuentran en su punto más bajo durante el tiempo de la menstruación (vea el lado izquierdo de la gráfica). La producción de estrógeno va aumentando cada día hasta que alcanza el nivel máximo cerca del tiempo de la ovulación, en la mitad del ciclo. Ese punto central es también el tiempo de mayor optimismo emocional y confianza en sí misma. Entonces otra hormona, que se llama progesterona, es producida durante la segunda mitad del ciclo, acompañada de un aumento de tensión, ansiedad y agresividad. Finalmente, las dos hormonas disminuyen durante el período premenstrual, reduciendo otra vez el estado de ánimo a su punto más bajo.

¿ **¿Cómo podemos saber que los síntomas de la tensión premenstrual no son simplemente sicológicos? Quizá las mujeres se sienten mal cada mes porque esperan sentirse, o han sido predispuestas a sentirse, de esa manera.**

En primer lugar, las dificultades menstruales son vistas alrededor del mundo, en mujeres que pertenecen a culturas muy distintas. Además, el efecto de la tensión premenstrual no sólo se puede observar clínicamente sino que se puede demostrar por medio de las estadísticas.

La frecuencia de los suicidios, homicidios, e infanticidios cometidos por mujeres, es mucho mayor durante el período de tensión premenstrual que durante cualquier otra fase del mes. Tenga en cuenta también los resultados de las investigaciones de Alec Coppen y Neil Kessel, quienes estudiaron a 465 mujeres y observaron que ellas se irritaban y deprimían con más facilidad durante la fase premenstrual que durante la mitad del ciclo:

> Esto fue igualmente cierto con mujeres neuróticas, sicopáticas y normales. De un modo parecido, Natalie Sharness descubrió que la fase premenstrual está relacionada con

sentimientos de inutilidad, ansiedad y hostilidad, y con el anhelo de ser amada. Durante la menstruación disminuyó esta tensión e irritabilidad, pero con frecuencia la depresión permanecía hasta que aumentaba el estrógeno. [Psychology Today (Santa Cruz, CA: Davis Publishing Co.), febrero de 1972. Usado con permiso.]

Miles de investigaciones han comprobado la exactitud de estas conclusiones. Si usted tiene dudas de sus resultados, pregúntele a una mujer.

¿ Aunque sé que mi depresión es el resultado de condiciones fisiológicas, cada mes; continuamente me olvido de esa realidad, y me encuentro sufriendo de baja autoestima y ansiedad en general. ¿Cómo puedo prepararme para hacerle frente al ciclo menstrual en una forma mejor?

Es imposible que usted se prepare para la tensión premenstrual, a menos que sepa qué debe esperar; así que necesita comenzar por llevar a cabo cierta investigación de su propio cuerpo. Le sugiero que mantenga un diario en el cual describa, al menos, tres elementos de funcionamiento: (1) su nivel de energía, (2) su estado de ánimo, y (3) sus logros. Anote estos tres indicadores, *cada día*, por lo menos durante tres meses. La mayoría de las mujeres reportan que existe un patrón sorprendentemente estable, de mes a mes. Una vez que el mismo es identificado y comprendido, usted puede dar otros pasos a fin de llenarse de fuerzas para los valles y túneles, que sabe de antemano que habrán de venir. Tan pronto como el período de tensión premenstrual llegue, debiera interpretar sus emociones con precaución y escepticismo. Si usted puede recordar que la desesperación y la sensación de insuficiencia son producidas por las hormonas, y no tienen nada que ver con la realidad, podrá resistir más fácilmente la repentina caída sicológica. Cada mes, debiera tener una pequeña conversación con usted misma, diciéndose: "Aunque me siento insuficiente e inferior, me niego a creer que lo soy. Sé que me sentiré diferente en unos días y es ridículo el permitir que esto me deprima. Aunque el cielo se ve oscuro, mi percepción está distorsionada. Mi verdadero problema es físico, no emocional, y ¡pronto estaré mejor!"

¿ **Yo no creo que mi esposo comprende los problemas que yo experimento durante el ciclo premenstrual. ¿Quiere darle usted algunos consejos sobre estos factores fisiológicos?**

Como un hombre nunca ha tenido menstruación, le es difícil comprender la sensación de hinchazón y agotamiento que motiva la irritabilidad de su esposa durante el período premenstrual.

Esto me recuerda un incidente que me contó mi difunto amigo, el doctor David Hernández, que era obstetra y ginecólogo. Esta historia verídica ocurrió en un pequeño pueblo de pescadores en América del Sur, y estuvieron involucrados en ella hombres latinos cuyas esposas recibieron de una compañía farmacéutica píldoras anticonceptivas. A todas las mujeres del pueblo les dieron las píldoras en la misma fecha, y después de tres semanas dejaron de tomarlas para permitir la menstruación. Eso significó que todas las mujeres adultas en la comunidad experimentaron la tensión premenstrual al mismo tiempo. Los hombres no pudieron aguantarlo. Cada mes, todos se iban en sus botes, y permanecían en el mar hasta que la crisis en el hogar había pasado.

Ir de pesca no es la respuesta a la tensión fisiológica premenstrual. Es muy importante que el hombre aprenda a esperar el período menstrual de su esposa, reconociendo los cambios emocionales que probablemente lo acompañarán. Es de particular importancia la necesidad de cariño que su esposa tiene durante ese tiempo, aun cuando por tres o cuatro días ella sea bastante desagradable. También, hasta que la tormenta interna haya pasado, él debe evitar hablar de problemas económicos u otros temas que puedan ocasionar conflictos, y debe mantener la atmósfera del hogar tan tranquila como sea posible. Quizá debería decirle a su esposa lo que en la última respuesta sugerí que la mujer se dijera a sí misma.

Permítame concluir mi respuesta con un último comentario dirigido directamente a los esposos, ampliando el consejo que ofrecí anteriormente. Como el agotamiento físico es un factor que tiene tanta influencia en este problema de la tensión premenstrual, todo lo que usted haga para reducir la presión ambiental, seguramente ayudará a su esposa a sentirse mejor. Si usted se da cuenta de las ocasiones cuando su esposa va a sentir la tensión, debe aligerar sus cargas familiares. Comer fuera puede reducir la obligación de cocinar. Haga todo lo posible por mantener a los niños lejos de ella para que no la molesten, especialmente los más pequeños y ruidosos. Llévelos por la tarde al parque. Léales algún libro o manténgalos ocupados con algún juego que sea tranquilo, para que su mamá tenga libertad de relajarse tanto como le sea posible.

Y debido a que el deseo sexual de su esposa está decaído durante esa semana, no insista en obtener gratificación sexual, aunque usted debe continuar siendo cariñoso con ella, asegurándole que la quiere. Recuerde que frecuentemente las mujeres se sienten "feas" cuando están experimentando la tensión premenstrual, así que hágale saber que usted la encuentra tan atractiva como siempre.

En cierta manera, el papel del marido durante el período premenstrual de la esposa, debe ser el de un padre comprensivo y cariñoso. De la misma manera en que los padres dan más de lo que reciben, ésta es una ocasión en la que el hombre debe apoyar a su esposa de todas las formas posibles.

¿ **¿Por qué algunas mujeres son más propensas que otras a tener síntomas desagradables en el momento crítico de su ciclo menstrual?**

Algunas buenas respuestas a esta pregunta son dadas en un excelente folleto titulado: *Depresión premenstrual*, que fue escrito por un médico de California, el doctor Guy Abraham, quien, con mucha amabilidad, me ha dado permiso para referirme a la información contenida en dicho folleto; aunque, lo que voy a mencionar a continuación no son citas directas.

El doctor Abraham determina con precisión, seis factores que pueden hacer que ciertas mujeres sean especialmente propensas a la tensión premenstrual:

1. El matrimonio. Las mujeres casadas son más susceptibles que las solteras. En realidad, la tensión premenstrual ha sido identificada como una de las principales causas de divorcio.

2. Los partos. Mientras más embarazos tiene una mujer, es más probable que va a experimentar los angustiosos síntomas que acompañan a los días que preceden la menstruación.

3. La edad. El síndrome premenstrual parece convertirse cada vez más agudo durante los años en que la mujer puede tener hijos, hasta lo último de los años treinta.

4. La tensión nerviosa. La presión del tiempo y la tensión sicológica contribuyen de modo significativo a este problema.

5. La alimentación. La mala nutrición tiene culpa, incluyendo el uso excesivo de azúcar refinada y de sal.

6. El ejercicio. Por lo general, las mujeres que padecen de tensión premenstrual son las que no toman parte en ejercicios regulares al aire libre, como caminar, montar en bicicleta, nadar, jugar tenis, y otras actividades parecidas.

¿ **Usted mencionó que la nutrición desempeña un papel importante en la severidad de la tensión premenstrual. ¿Puedo esperar un alivio de los síntomas si**

me alimento de una manera correcta? Si es así, ¿en qué debiera consistir mi dieta?

Estoy firmemente convencido de la importancia de la buena nutrición. Esto es cierto en relación con todas las personas, por supuesto, pero en especial para la mujer durante los años de fertilidad. Y efectivamente, la dieta adecuada está relacionada con los síntomas de la tensión premenstrual. Por ejemplo, uno de los síntomas más incómodos de la tensión premenstrual es la sensación de hinchazón que la mujer experimenta como resultado de un exceso de fluido en su cuerpo. Esto puede aliviarse con un régimen bajo en sal, lo que evita la retención de los líquidos. Otra cosa que sirve de ayuda es limitar los carbohidratos, especialmente el azúcar, y comer más proteínas. Hacer esto puede requerir de bastante disciplina, porque parece que durante ese tiempo existe un deseo ardiente de dulces; sobre todo, de chocolate. Usted debiera aumentar también el consumo de vitamina C y del complejo B, en la forma de tabletas o comiendo más de los alimentos que contienen estas vitaminas.

El ejercicio regular será de utilidad para su salud y bienestar. Asegúrese de caminar, montar en bicicleta, correr despacio, nadar, jugar al golf, o realizar alguna otra actividad todos los días.

 ¿Se parece la tensión premenstrual a la menopausia en cuanto a sus características emocionales?

Sí se parece en el sentido de que los niveles de estrógeno disminuyen en las dos fases. Por ejemplo, en vista de que la autoestima parece estar relacionada con el estrógeno, los sentimientos de baja autoestima que la mujer tiene se manifiestan tanto en la premenstruación como en la menopausia. También se cree que las mujeres que experimentan fluctuaciones emocionales severas durante los períodos, tienen más probabilidad de experimentar cierto grado de malestar durante la menopausia. En otras palabras, la vulnerabilidad a los

efectos del estrógeno queda demostrada temprano en la vida
de la mujer y confirmada durante los años de la edad madura.

¿   **Cuando mi esposa sufre de tensión premenstrual,
ella se pone irritable, pierde el control e incluso se
pone más enojada cuando trato de decirle que todo saldrá
bien, y que las cosas no están tan mal como parece. ¿Cómo
se explica este problema?**

Usted está observando la misma lección que yo tuve que
aprender al principio de mi profesión de consejero. Recuerdo
a una paciente en particular que solía llamarme o visitar mi
oficina cada 28 días, sin excepción. Ella se ponía tremenda-
mente deprimida y agitada, pero nunca parecía darse cuenta
de que esa desesperación se debía a su calendario hormonal.
Yo trataba de explicarle que en realidad no le iba tan mal, y
que se compondría en unos pocos días. Sin embargo, me
sorprendió que todo intento de consolarla sólo le causaba
mayor frustración y que lo que ella trataba era de convencer-
me cuán horrible era su vida. Después de pensar acerca de su
condición por un tiempo, me di cuenta de que ella no venía a
mí buscando respuestas, más bien, venía para asegurarse de
que alguien entendiera lo que ella estaba pensando.

Después de eso, cuando esta señora venía a verme nuevamente, yo me mostraba compasivo, tratando de entenderla y
ayudándola a expresar las frustraciones que encerraba dentro
de sí misma. Ella lloraba durante 40 ó 50 minutos, diciéndo-
me que no tenía esperanzas en absoluto; y al final, volviendo
a limpiarse la nariz con su pañuelo, ya sin lágrimas, me decía:
"Gracias por su ayuda. Me siento mucho mejor, y no sé lo que
habría hecho si no hubiera podido hablar con usted hoy". Lo
único que yo había hecho era hacerle saber que yo la com-
prendía. Con eso bastaba.

Me imagino que la esposa de usted quiere que le dé
seguridad de la misma manera. Hay ocasiones cuando *todos*
necesitamos una dosis de esa medicina.

¿   **Puesto que, en realidad, la píldora anticonceptiva está compuesta de estrógeno, ¿tienen una fluctuación emocional, como usted ha descrito, las mujeres que la toman?**

Depende del tipo de píldora que se receta. Si el estrógeno y la progesterona se dan *simultáneamente* por 20 días y luego se dejan de dar, el estado de ánimo permanece en un nivel moderadamente bajo y se caracteriza por una ansiedad mínima a través del mes. Sin embargo, si el estrógeno se da por 15 días y la combinación de estrógeno y progesterona por cinco, la fluctuación del estado de ánimo es muy parecida al ciclo normal sin la píldora. Su médico puede darle más información sobre la píldora en particular que usted está tomando y las consecuencias emocionales de la misma.

7

Una perspectiva cristiana
sobre la ira

¿ **La Biblia condena la emoción de la ira, y sin embargo, los cristianos y los que no son cristianos la sienten. ¿Cómo puede esperarse de nosotros que eliminemos de nuestras personalidades esta emoción, que es una de las reacciones humanas más comunes?**

Antes que lleguemos a la conclusión de que no podemos hacer lo que requieren las Escrituras, debemos estar seguros de que entendemos el contexto. Recuerde que las palabras cambian en su significado con el paso del tiempo. Así como la palabra "orgullo" tiene muchos significados, también la palabra "ira" ha llegado a ser una palabra muy generalizada. Es posible que muchas formas de comportarse, que han sido incluidas en la definición de la ira, no son condenadas en la Biblia. Consideremos los siguientes ejemplos:

1. El agotamiento excesivo produce una reacción que se parece a la ira. Una madre, que está agotada debido a las actividades del día, puede ponerse muy "enojada" cuando su hijo de cuatro años de edad derrama su tercer vaso de leche. Esta madre estaría dispuesta a dar su vida por

su hijo, si fuera necesario, y no sería capaz de ni siquiera dañarle un pelo de su cabecita. Sin embargo, su estado de ansiedad, causado por el agotamiento, recibe el mismo nombre de ira, que le es dado al impulso que tuvo Caín, que le hizo matar a su hermano. No existe ninguna relación entre las dos emociones descritas, las cuales son distintas.

2. La vergüenza excesiva típicamente produce una reacción que se clasifica bajo la misma categoría, demasiado generalizada, de la ira.

3. La frustración excesiva ocasiona una respuesta emocional que también llamamos ira. He visto esta clase de reacción, por ejemplo, en un jugador de baloncesto, que tuvo una "noche mala", cuando ninguna jugada le salió bien. Quizá dejó caer el balón y no logró introducirlo en el cesto ni una vez. Mientras más se esforzaba, peor jugaba y más ridículo se sentía. Una frustración como ésa puede provocar una descarga emocional volcánica en él, contra el entrenador o cualquier otra persona que se encuentre en su camino. Estas son la clase de irritaciones que traen como resultado: palos de golf enroscados alrededor de árboles, y raquetas de tenis clavadas en los postes de la red.

4. El rechazo es otro acontecimiento que suele ocasionar una especie de reacción como la ira. Por ejemplo, cuando un muchacho deja plantada a la muchacha que lo ama, ella podría desquitarse con un montón de palabras ásperas. Sin embargo, su reacción no es motivada por ningún odio, sino por el profundo dolor relacionado con haber sido abandonada, desechada y no respetada.

Como podemos ver, la ira ha llegado a representar muchos sentimientos fuertes y negativos en los seres humanos. Por lo tanto, no estoy seguro de que todas las partes de la Biblia en donde se habla del tema de la ira, se refieren por igual a la variedad de emociones incluidas en esa amplia categoría.

¿ **¿Es pecaminosa toda clase de ira?**

Es evidente que no todo lo que clasificamos como ira es una violación de la ley de Dios, porque en Efesios 4:26, se nos ordena: "Airaos, pero no pequéis". Este versículo me dice que existe una diferencia entre una *emoción intensa*, y la hostilidad furiosa que se condena persistentemente en la Biblia. Nuestra primera tarea, según parece, es aclarar esta distinción.

¿ **¿Es posible evitar todos los sentimientos de ira?**

No. Es importante recordar que la ira no es sólo algo emocional, sino también bioquímico. El cuerpo humano está provisto de un sistema defensivo que es automático, llamado el mecanismo de "huir o luchar", el cual prepara todo el organismo para la acción. Una hormona llamada adrenalina es vertida en la corriente sanguínea, la cual pone en movimiento una serie de reacciones fisiológicas dentro del cuerpo. La presión de la sangre aumenta de acuerdo con un apresuramiento de los latidos del corazón; las pupilas se dilatan, para una mejor visión periférica; las manos se humedecen, y la boca se seca; y los músculos son abastecidos con una ráfaga súbita de energía. En cuestión de unos segundos, el individuo es transformado de una condición de tranquilidad a un estado de reacción a cualquier señal de alarma. *Lo más importante es que ésta es una reacción involuntaria, que ocurre queramos o no.*

Una vez que las hormonas de "huir o luchar" son liberadas, es imposible el no prestar atención a la intensidad de las emociones que las mismas provocan. Sería como negar la existencia de un dolor de muelas u otro problema físico agudo. Y en vista de que Dios creó este sistema como un medio por el cual el cuerpo puede protegerse a sí mismo del peligro, no creo que Él nos condenará por su funcionamiento apropiado.

Por otro lado, nuestra *reacción* al sentimiento de ira es más intencional y sensible al control de nuestra voluntad.

Cuando "repetimos" el suceso perturbador, una y otra vez, en nuestras mentes, rechinando los dientes con hostilidad y buscando oportunidades para vengarnos, o estallamos de ira, violentamente, es lógico pensar que entonces hemos cruzado la línea, entrando al área de lo que es pecaminoso. Si esta interpretación de la Biblia es correcta, entonces el ejercicio de la *voluntad* se encuentra en el espacio que separa las dos mitades del versículo que dice: "Airaos ... pero no pequéis".

¿ **¿No adopta la Biblia una posición absoluta sobre el tema de la ira? ¿En dónde permite la Biblia las diferencias individuales, que le he escuchado a usted describir?**

¿Acaso no escribió el apóstol Pablo en Romanos 12:18: "Si es posible, en cuanto dependa de vosotros, estad en paz con todos los hombres"? En otras palabras, se espera de todos nosotros que ejerzamos dominio propio y moderación, pero algunos van a lograr hacerlo mejor que otros, debido a la naturaleza de su temperamento individual. Aunque nos encontramos en diferentes niveles de madurez y responsabilidad, el Espíritu Santo nos guía tiernamente a cada uno de nosotros, en la dirección que él requiere, hasta que llega el momento cuando él exige nuestra obediencia.

¿ **Está bien, usted ha dejado en claro que algunas reacciones que se llaman "ira" son involuntarias y aparentemente no son condenadas por Dios. Pero ahora veamos el otro lado de la moneda. ¿Bajo qué circunstancias es pecaminosa la ira, según su opinión?**

La ira que considero inaceptable es la que nos mueve a hacerle daño a nuestro prójimo, cuando queremos poner a la otra persona por los suelos y causarle dolor. ¿Recuerda usted la experiencia del apóstol Pedro, cuando Jesús iba a ser crucificado? Obviamente, sus emociones obviamente se encontraban en un estado de agitación, al ver a su amado Maestro sometido a un horror inconcebible. Sin embargo,

Jesús le reprendió cuando con una espada le cortó una oreja a un soldado romano. Si alguna vez ha habido una persona con una "excusa" para llenarse de ira, Pedro parecía haber estado justificado para así hacerlo; no obstante, Jesús no aceptó su conducta, y compasivo curó al soldado herido.

Hay un mensaje de mucha importancia para todos nosotros en este acontecimiento que fue registrado en la Biblia. *Nada* justifica una actitud de odio, o un deseo de hacerle daño a otra persona; y estamos andando por un terreno peligroso cuando nuestros pensamientos y acciones comienzan a guiarnos en esa dirección. Ni siquiera la defensa del Señor Jesucristo justificaría esa clase de agresión.

¿ **¿Está diciendo usted que "tener razón", en cuanto a algún asunto, no justifica una actitud o un comportamiento equivocado?**

Así es. En realidad, al haber estado en distintas iglesias toda mi vida, he observado que muchas veces los cristianos se encuentran en un peligro mayor cuando "tienen razón" en un conflicto que cuando claramente están equivocados. En otras palabras, es más probable que una persona se disguste y sienta una profunda hostilidad, cuando alguien la ha engañado o se ha aprovechado de ella, que la persona que obró mal. E. Stanley Jones está de acuerdo con esta idea, y ha declarado que es más probable que un cristiano peque con sus reacciones que con sus acciones. Quizás ésta es una de las razones por las que Jesús nos dijo que "presentemos la otra mejilla" y que "vayamos la segunda milla", sabiendo que Satanás puede hacer un uso devastador de la ira en una víctima inocente.

¿ **Si la ira es indudablemente pecaminosa cuando nos conduce a perjudicar a otra persona, ¿quiere decir esto que el mal sólo está relacionado con un acto agresivo? ¿Qué pasa si sentimos una enorme hostilidad, pero nunca la mostramos?**

Jesús nos dijo que odiar a un hermano equivale a cometer un homicidio (Mateo 5:22). Por lo tanto, la ira pecaminosa puede ocurrir dentro de la mente, aunque nunca llegue a mostrarse en el comportamiento.

¿ **Parece que muchos sicólogos piensan que la ira debiera ser ventilada o expresada con palabras. Dicen que emocional y físicamente es perjudicial el reprimir o retener cualquier sentimiento intenso. ¿Puede usted armonizar este razonamiento científico con el mandamiento bíblico que dice: "Todo hombre sea pronto para oír, tardo para hablar, tardo para airarse; porque la ira del hombre no obra la justicia de Dios"? (Santiago 1:19-20).**

Permítame afirmar una cosa de la que estoy completamente seguro: *La verdad es unidad.* En otras palabras, cuando se llegue a tener un conocimiento completo de un tema determinado, entonces no habrá desacuerdo entre la ciencia y la Biblia. Por lo tanto, cuando estas dos fuentes de conocimientos parecen estar en contradicción directa, como en el caso de la ira; entonces, o algo anda mal con nuestra interpretación de la Biblia, o la teoría científica es falsa. Sin embargo, en ningún caso se hallará que la Biblia está equivocada. ¡Fue inspirada por el Creador del universo, y él no comete errores!

En cuanto a los problemas sicológicos implicados en esta pregunta, sin duda hay algo de realidad en la opinión general de que los sentimientos de ira no deben ser empujados hacia dentro. Cuando *cualquier* emoción negativa poderosa es obligada a salir de la mente consciente, mientras que está en plena intensidad, es capaz de desgarrarnos por dentro. El proceso por medio del cual metemos a la fuerza una emoción fuerte en la mente inconsciente se llama "represión", y es sicológicamente peligroso. Por lo general, la presión que produce aparecerá en otra parte en la forma de depresión, ansiedad, tensión, o en toda una variedad de trastornos físicos.

Debemos armonizar los descubrimientos sicológicos de que la ira se debe ventilar con el mandamiento bíblico de que seamos "lentos para la ira". Personalmente, yo no veo que estos dos objetivos se contradigan. Dios no quiere que "reprimamos" nuestra ira, enviándola al banco de la memoria sin que la hayamos resuelto. ¿Qué otra razón tendría el apóstol Pablo para decirnos que cada día resolvamos el problema de nuestro enojo antes que se ponga el sol (Efesios 4:26), evitando eficazmente que con el paso del tiempo se produzca en nosotros una acumulación de hirviente hostilidad?

Pero ¿cómo podemos eliminar o ventilar los sentimientos negativos intensos, sin que ataquemos a la persona que nos ha ofendido, un acto que claramente está prohibido en la Biblia? ¿Hay otras maneras de poner en libertad a las emociones que se encuentran reprimidas? Sí, sí las hay, incluyendo las siguientes:

- Al hacer del problema que nos irrita un motivo de oración.

- Al explicar nuestros sentimientos negativos a una tercera persona, que sea madura y comprensiva, la cual puede aconsejarnos y guiarnos.

- Al ir a la persona que nos ha ofendido y mostrarle un espíritu de amor y perdón.

- Al comprender que muchas veces Dios permite que ocurran acontecimientos que nos frustran y perturban enormemente, para enseñarnos a tener paciencia y ayudarnos a crecer.

- Al darnos cuenta de que no hay *ninguna* ofensa que alguien nos haga que pueda ser igual a nuestra culpa delante de Dios, y sin embargo, él nos ha perdonado; ¿no estamos obligados nosotros a mostrar la misma misericordia a otros?

Estos son solamente algunos de los mecanismos y las actitudes que obran para neutralizar un espíritu de resentimiento.

¿ **Tengo una vecina muy infeliz, que no puede llevarse bien con nadie. En una ocasión u otra, ha reñido con todas las personas que conoce. Yo había decidido hacerme su amiga, si era humanamente posible, así que hice más de lo que debía por ser amable y compasiva con ella. Pensé que estaba acercándome a la meta, pero un día ella tocó a la puerta principal y comenzó a insultarme. Había malinterpretado lo que yo le había dicho a otra vecina, y fue a mi casa a cantarme las cuarenta. Esta mujer dijo todo lo malo que podía pensar, incluyendo algunos comentarios muy ofensivos acerca de mis hijos, mi esposo y nuestro hogar.**

Yo me sentí inquieta porque estaba tratando de herirme, después que yo había intentado tratarla amablemente, y reaccioné con irritación. Estuvimos discutiendo en la puerta principal, y después ella se fue furiosa. Ahora me siento mal acerca del conflicto, pero ignoro si hoy podría hacerle frente de una manera mejor. ¿Cuál debió haber sido mi actitud?

Quizás usted se da cuenta de que ha perdido la mejor oportunidad, que probablemente jamás volverá a tener, para lograr su objetivo de ganar la amistad de su vecina. Es difícil convencer a alguien de nuestro amor y respeto, cuando nuestra disposición a ser amistosos es algo superficial. En contraste, nuestra reacción a un ataque rencoroso puede revelar en un instante los valores cristianos por los cuales vivimos.

Por ejemplo, ¿qué habría sucedido si usted hubiera dicho: "María, no sé que oíste de mí, pero pienso que lo que yo dije ha sido malentendido. ¿Por qué no entras, y conversamos acerca de este problema mientras tomamos una taza de café?" Usted pudiera haber logrado en esa mañana todo lo que había tratado de llevar a cabo durante los meses anteriores. Reconozco que hace falta mucho valor y madurez para devolver bondad en lugar de hostilidad, pero Jesucristo nos ha ordenado que así lo hagamos. El dijo, en Mateo 5:43-44:

Oísteis que fue dicho: Amarás a tu prójimo, y aborrecerás a tu enemigo. Pero yo os digo: Amad a vuestros enemigos, bendecid a los que os maldicen, haced bien a los que os aborrecen, y orad por los que os ultrajan y os persiguen.

¿ **¿Qué les diría usted a las personas que aunque tratan sinceramente de controlar su ira, se irritan y se sienten frustradas, y se enojan continuamente? ¿Cómo pueden llegar a poner bajo control esta área de sus vidas? ¿Es esto posible de hacer?**

He observado que con frecuencia el Señor dirige a sus hijos, incluyendo a los que tienen un carácter violento, de una manera paciente y cada vez con más insistencia. Comienza con una ligera sensación de condenación en el área en que Dios quiere que crezcamos y mejoremos. Luego, a medida que pasa el tiempo, si no respondemos, esto es seguido de un sentimiento de culpabilidad y el conocimiento de la desaprobación divina. Después, somos llevados a un tiempo de conocimiento intenso de los requisitos de Dios. Escuchamos su mensaje, revelado (quizá sin darse cuenta) por el pastor el domingo por la mañana y en los libros que leemos, e incluso en los programas seculares de la radio y televisión. Parece como si todo el mundo se pusiera de acuerdo para expresar el mismo decreto del Señor. Y finalmente, llegamos a un momento de crisis en el cual Dios nos dice: "Tú entiendes lo que quiero. *¡Ahora, hazlo!*"

El crecimiento en la vida cristiana depende de la obediencia en estos momentos de crisis. El creyente que no quiere aceptar la nueva obligación, a pesar de los inconfundibles mandamientos de Dios, está destinado a deteriorarse espiritualmente. De ahí en adelante, comienza a ir a la deriva, alejándose de su Señor y Maestro. Pero para el cristiano que acepta el reto, sin tener en cuenta qué tan difícil pueda ser el responder al mismo, su crecimiento espiritual y la iluminación de su entendimiento están asegurados.

John Henry Jowett dijo: "La voluntad de Dios nunca le guiará a usted a donde la gracia de Dios no pueda sostenerle". Esto quiere decir que el Señor no exigirá de usted algo que él no tiene la intención de ayudarle a cumplir.

¿ **Hay ocasiones cuando es obvio que mi hijo trata de provocarme a ira, sólo por divertirse. ¿Por qué hace esto, aunque sabe que yo le amo?**

Eso puede ser resultado de un juego por el poder entre el niño y usted. Hay momentos en que los niños comprenden esta lucha por tener el control aun mejor que sus padres, quienes están abrumados con las responsabilidades y preocupaciones de los adultos. Por eso tantos niños pueden ganar la competencia de voluntades; ellos le dedican su *mayor esfuerzo* a ese juego, mientras que los adultos sólo participamos cuando no nos queda otro remedio. Un padre escuchó a su hija de cinco años, Laura, decirle a su hermanita que estaba haciendo algo malo: "Le voy a decir a mamá lo que estás haciendo. ¡No! Se lo voy a decir a papá. ¡Él es peor!" Laura había evaluado las medidas disciplinarias de ambos padres, y había llegado a la conclusión de que uno era más efectivo que el otro.

Esta misma niña se volvió bastante desobediente y desafiante, y su padre lo notó. Estaba molestando a otros miembros de la familia y buscaba maneras de evitar obedecer a sus padres. Su papá decidió no enfrentarse a ella directamente sobre este cambio de comportamiento, sino castigarla constantemente por cada falta que cometiera, hasta que ella cambiara. Así que por tres o cuatro días, no permitió que Laura se saliera con la suya en absoluto. Recibió nalgadas, tuvo que estar parada en un rincón, y la mandaron para su habitación castigada. Al final del cuarto día, estaba sentada en la cama con su padre y su hermanita. Sin ninguna provocación, Laura le haló el pelo a la pequeña, que estaba mirando un libro. Inmediatamente, su papá le dio un golpecito en la cabeza con la mano. Laura no lloró, pero se quedó en silencio por unos momentos, y luego dijo: "¡Ninguno de mis trucos está funcionando!"

Si el lector tratara de hacer memoria de su propia niñez, probablemente recordaría acontecimientos similares en los que analizó conscientemente las técnicas de disciplina de los adultos, y puso a prueba sus debilidades. Permítame que le dé un ejemplo: Cuando yo era niño, pasé una noche en la casa de un travieso amigo mío, el cual parecía conocer cada maniobra que los padres iban a hacer. José era como un general que había descifrado el código secreto del enemigo, lo cual le permitía hacer maniobras para vencer a sus oponentes en cada enfrentamiento. Cuando nos encontrábamos ya acostados esa noche, él me dio una descripción sorprendente del mal genio de su padre.

José dijo: "Cuando mi papá se enoja mucho, dice unas palabrotas tremendas, que te dejarían pasmado". (Él me dio tres o cuatro ejemplos extraordinarios de su experiencia pasada.)

"¡No te creo!" le contesté.

Su papá era un señor muy alto y reservado, que parecía tener bastante dominio propio. Simplemente yo no podía concebir que él dijera las palabras que José había expresado.

"¿Quieres que te lo demuestre?", preguntó maliciosamente José. "Todo lo que tenemos que hacer es ponernos a reír y a hablar en vez de dormirnos. Mi padre vendrá y nos dirá que nos callemos, y verás que cuando sigamos haciéndolo, cada vez vendrá más enojado tratando de que nos calmemos. Entonces vas a oírlo decir esas palabrotas. ¡Ya lo verás!"

Yo tenía ciertas dudas acerca de ese plan, pero quería ver a su papá, que me parecía tan digno, sacar a relucir su lenguaje indecente. Así que, José y yo mantuvimos a su padre de acá para allá por más de una hora. Y como había sido predicho por mi amigo, cada vez que regresaba a la habitación estaba más enojado. Yo me estaba poniendo cada vez más nervioso y hubiera cancelado la demostración, pero José ya había pasado por esa experiencia antes. Él me insistía: "No va a tardar mucho".

Finalmente, como a la medianoche sucedió. Se agotó la paciencia de su papá. Atravesó el corredor como un relámpago, acercándose a nosotros y haciendo retumbar toda la casa con las pisadas tan fuertes que daba. Irrumpió en el cuarto y se subió de un salto a la cama, agitando los brazos sobre José, que se encontraba protegido debajo de varias frazadas. Entonces, de su boca salió un torrente de palabras que difícilmente yo había escuchado antes. Yo estaba espantado, pero José estaba encantado.

Incluso mientras su padre estaba golpeando las frazadas con su mano y gritando palabrotas, José se levantó y me dijo, gritando: "¿Las oíste? ¿No te lo había dicho? ¡Te dije que iba a decirlas!" ¡Es un milagro que su papá no acabó matándolo en ese momento!

No me pude dormir esa noche, pensando en lo que había ocurrido, y decidí que cuando yo creciera *nunca* permitiría que ningún niño me manipulara de esa forma. ¿Ve usted lo importante que los métodos de disciplina son para que un hijo respete a sus padres? Cuando un niño, intencionalmente, puede hacer que sus padres se sientan completamente frustrados, entonces algo cambia en la relación entre ellos. Algo precioso se pierde. Ese hijo llega a desarrollar una actitud de desprecio que de seguro se manifestará durante el difícil tiempo de la adolescencia. Sinceramente, quisiera que todos los adultos comprendieran esta simple característica de la naturaleza humana.

8

Comprendiendo los sentimientos de culpabilidad

¿ Mi esposa y yo somos nuevos creyentes, y ahora nos damos cuenta de que criamos a nuestros hijos con principios equivocados. Ellos ya son adultos, pero nosotros seguimos preocupándonos por el pasado y lamentamos mucho los errores que cometimos como padres. ¿Hay algo que podamos hacer a estas alturas?

En primer lugar, permítame hablar de los tremendos sentimientos de culpabilidad que obviamente ustedes tienen. Casi no hay ningún padre o madre que no se lamente de algo, y que no tenga recuerdos dolorosos de sus fracasos. Los niños son seres infinitamente complejos, y nosotros no podemos ser padres perfectos como tampoco podemos ser personas perfectas. A menudo, las presiones de la vida son enormes, y nos cansamos e irritamos; somos influenciados por nuestros cuerpos y nuestras emociones, que a veces nos impiden decir lo que es correcto y ser el modelo que debiéramos. No siempre tratamos a nuestros hijos sin dejarnos dominar por nuestras emociones como quisiéramos haberlo hecho; y es muy común que miremos atrás, un año o dos después de que algo sucedió, y veamos cuán equivocados estuvimos en la manera que abordamos un problema.

¡Todos experimentamos estos fracasos! *¡Nadie hace un trabajo perfecto!* Por eso cada uno de nosotros debe buscar un tiempo para estar a solas con el Creador de los padres y los hijos, y decirle:

"Señor, tú conoces mis insuficiencias. Tú conoces mis debilidades, no sólo en la crianza de mis hijos, sino también en cada aspecto de mi vida. Hice lo mejor que pude, pero no fue suficiente. Así como tomaste los peces y los panes para alimentar a cinco mil, te pido que ahora tomes mis débiles esfuerzos y los utilices para bendecir a mi familia. Compensa las cosas que hice mal. Satisface las necesidades que yo no haya satisfecho. Pon tus brazos eternos sobre mis hijos, y acércalos a ti. Permanece a su lado cuando estén en la gran encrucijada entre el bien y el mal. Todo lo que puedo dar es lo mejor de mí, y ya lo he hecho. Por lo tanto, te entrego mis hijos y mi persona, y la tarea que hice como padre. Ahora el resultado está en tus manos".

Yo sé que Dios aceptará esta oración, aun de padres cuyo trabajo ya ha terminado. El Señor no quiere que usted se sienta culpable por acontecimientos que ya no puede cambiar. El pasado quedó atrás. Déjelo morir para nunca resucitar. Entréguele la situación a Dios, dejándola definitivamente en sus manos. ¡Creo que usted se sorprenderá al saber que ya no está solo!

 Como sicólogo, ¿podría explicar usted lo que es la conciencia, y cómo opera en la mente?

Esa pregunta (¿qué es la conciencia?), fue hecha, hace algunos años, por el periódico *National Enquirer* a niños de edades entre cinco y nueve años. Una niña de seis años dijo que la conciencia es el lugar dentro de uno, que "quema si no eres bueno". Un niño de seis años dijo que no sabía, pero que creía que era algo que te hace sentir mal cuando "les das patadas a las niñas y a los perritos". Y otra niña, de nueve años, explicó que es una voz que te habla por dentro, diciendo: "No", cuando quieres hacer algo malo, como pegarle a tu hermanito. ¡La conciencia de ella había "salvado muchas veces a su hermano!"

A los adultos también les ha sido muy difícil definir la conciencia. Hablando técnicamente, la conciencia es una facultad mental, dada por Dios, que nos permite distinguir entre el bien y el mal. Y la culpabilidad es una sensación incómoda que se produce cuando quebrantamos este código ético interno. En otras palabras, la culpabilidad es un mensaje de desaprobación de la conciencia que, en realidad, dice: "¡Debería darte vergüenza!"

¿ Si sentirse culpable comunica un mensaje de condenación, enviado por la conciencia, ¿es correcto decir que los sentimientos de culpabilidad contienen siempre un mensaje de desaprobación de Dios?

No. Permítame declarar, con el mayor énfasis, que Dios *no* es el autor de toda esa clase de inquietud. Obviamente, algunos sentimientos de culpabilidad son inspirados por el diablo, y no tienen nada que ver con los mandamientos, los valores morales o los juicios de nuestro Creador. Esos sentimientos hasta pueden ser un arma poderosa que Satanás usa contra nosotros. Al establecer un nivel ético que es imposible de mantener, él puede producir sentimientos fuertes de condenación y desánimo espiritual.

¿ ¿Quisiera dar usted algunos ejemplos de una conciencia llena de sentimientos de culpabilidad que no han sido inspirados por Dios? ¿Puede sentir alguien una desaprobación que le abrume, y sin embargo ser inocente delante de Dios?

¡De modo terminante digo que sí! Presté mis servicios por diez años en la División del Desarrollo del Niño en el Hospital Infantil de Los Angeles. Allí vimos niños que eran víctimas de varios problemas metabólicos, la mayoría de los cuales habían causado retraso mental. La mayor parte de estos problemas eran causados por errores genéticos; es decir, cada uno de los padres había aportado un gene defectuoso en el momento de la concepción. Cuando los padres se daban cuenta de que ellos eran individualmente responsables de los impedimentos intelectuales o físicos de su hijo, el efecto solía ser desastroso. Algunos de ellos se sentían invadidos por enormes sentimientos de culpabilidad que muchas veces producían la destrucción de la familia.

Ahora bien, es obvio que Dios no es el autor de esta clase de desaprobación. Él sabe, mejor que nosotros, que esos padres afligidos no engendraron intencionalmente un niño defectuoso. Simplemente, su sistema genético falló. Sin duda alguna, nuestro misericordioso Creador no los consideraría a ellos responsables de una consecuencia que no podían prever ni evitar. Sin embargo, los sentimientos de culpabilidad suelen ser insoportables para los padres que se tienen a *sí mismos* como culpables de circunstancias inevitables.

El mismo hecho de ser padres puede producir muchos sentimientos de culpabilidad. Aun cuando hacemos todo lo posible para que las cosas salgan bien, podemos ver nuestros propios fracasos y equivocaciones reflejados en las vidas de nuestros hijos. Los que vivimos en el mundo occidental somos muy vulnerables a los sentimientos de culpabilidad relacionados con la familia. Una madre, a la que conozco, caminó en dirección a una calle de mucho tráfico con su hija de tres años de edad. La pequeñita se adelantó corriendo y se paró al borde de la acera hasta que la madre le dijo que podía cruzar con seguridad. La mujer estaba pensando en otra cosa y asintió con la cabeza cuando su hija le preguntó: "¿Puedo cruzar ahora, mamá?"

La niña echó a correr hacia la calle y fue embestida con toda fuerza por un enorme camión. La madre vio, horrorizada, cómo las ruedas de aquel pesado camión aplastaban el cuerpo de su preciosa hijita dejándolo en medio de la calle sin vida. Desesperada, dando gritos de angustia y dolor, la mujer histérica corrió a la calle y levantó en sus brazos el cuerpo destrozado de la niña. Había matado a su propia hija, que había confiado en ella para su seguridad. Esta madre *nunca* podrá escaparse del sentimiento de culpabilidad por la muerte de su hija. La escena se ha repetido millones de veces en su mente atormentada: ve una niñita confiada preguntándole a su mamá si podía cruzar la calle. Dios no ha colocado ese sentimiento de culpabilidad en su corazón quebrantado, pero su sufrimiento no es menos real por eso.

Podría dar muchos otros ejemplos de enormes sentimientos de culpabilidad que aparentemente la persona se impuso a sí misma, o le fueron impuestos por las circunstancias. Es evidente, al menos según mi opinión, que no siempre los sentimientos de culpabilidad son causados por la desaprobación de Dios.

¿ **Le he oído a usted decir que a veces Satanás inspira sentimientos de culpabilidad. ¿Me podría explicar qué es lo que quiere decir con eso?**

En 2 Corintios 11:14 dice que Satanás se presenta como "un ángel de luz", lo que significa que él habla como un falso representante de Dios. De acuerdo con esto, he observado que la culpabilidad inmerecida es una de las más poderosas armas en el arsenal del diablo. Por medio de una aparente alianza con la voz del Espíritu Santo, Satanás utiliza la conciencia para acusar, atormentar y censurar a sus víctimas. ¿Qué mejor herramienta para producir desánimo espiritual pudiera haber, que los sentimientos de culpabilidad que no pueden ser "perdonados", porque no representan la genuina desaprobación de Dios?

La Biblia describe a Satanás como un ser enormemente astuto y malvado. Él no se parece en nada al personaje cómico que se presenta en la literatura popular, con un tridente y una cola puntiaguda. Él es un "león rugiente", que "anda ... buscando a quien devorar"; en realidad, él es una amenaza incluso para los que Dios ha elegido y recibido como propiedad Suya. Así que, he observado que Satanás no se da por vencido en cuanto al cristiano consagrado, simplemente lo ataca de una dirección diferente. Una de esas direcciones es la culpabilidad inmerecida y absurda.

 ¿Podría describir la naturaleza de la conciencia y cómo funciona? Usted insinuó que los sentimientos de culpabilidad que una persona tiene dependen, en parte, de lo que le fue enseñado durante la niñez. ¿Es correcto esto?

El tema de la conciencia es uno extremadamente complejo e importante. Los filósofos y los teólogos han luchado con su significado por siglos, y desde el principio, sus opiniones han estado caracterizadas por la falta de armonía y la controversia. Ya que no soy ni un filósofo ni un teólogo, estoy bien consciente de la profundidad del agua en que estamos metiendo el pie, y he intentado enfocar mis opiniones en los aspectos sicológicos del tema.

Con respecto a las influencias de la instrucción, durante la niñez, sobre la conciencia, el gran filósofo alemán Emmanuel Kant, se opuso fuertemente a ese concepto. Él declaró, con toda seguridad, que la conciencia *no* es resultado de la experiencia, sino una capacidad del alma, que ha sido heredada. Creo que hoy la mayoría de los sicólogos infantiles estarían en desacuerdo con Kant en este punto. La conciencia de una persona es en gran parte un regalo de sus padres, por medio de su entrenamiento e instrucción, así como de su aprobación y desaprobación. La forma en que durante los primeros diez años de la vida se enseñe lo que está bien y lo que está mal, nunca se olvidará por completo, aunque pueda ser contradicha más tarde.

Obviamente, eso coloca una tremenda responsabilidad sobre nosotros, como padres, ¿verdad?

La "programación" apropiada de la conciencia es una de las tareas más difíciles relacionadas con la crianza de los hijos, y una que requiere de la mayor sabiduría. Hace 50 años era más probable que los padres produjeran excesivos sentimientos de culpabilidad en sus hijos. Creo que ahora hemos ido demasiado lejos en la dirección opuesta, enseñándoles en algunos casos que nada es pecaminoso o malo.

¿ **Usted ha mostrado que no todos los sentimientos de culpabilidad vienen de la voz del juicio de Dios. En otras palabras, uno se puede sentir culpable cuando es inocente ante Dios. Ahora bien, ¿qué me dice de la otra cara de la moneda? Cuando no nos sentimos culpables, ¿significa eso que somos inocentes ante los ojos del Creador? ¿Puedo confiar en mi conciencia para que me haga saber cuándo Dios está disgustado conmigo?**

Al parecer, no siempre. Hay muchos ejemplos de personas crueles y malvadas que aparentemente no sintieron ninguna culpabilidad por sus acciones. Claro, no podemos estar completamente seguros, pero no hay evidencias de que Adolfo Hitler o José Stalin hayan experimentado algunos sentimientos de autocondenación cuando se encontraban cerca del final de sus vidas, a pesar del tormento que causaron al mundo. Lo que quiero demostrar es que la voz interna de desaprobación es una cosa frágil en algunas personas. Puede ser cauterizada e ignorada hasta que ya no se escuche su leve sonido de protesta. Quizás el silenciador de la conciencia, que es más eficaz, se encuentra en las opiniones populares de la sociedad. Si todo el mundo lo está haciendo (es la conclusión que se saca) no puede ser muy malo o pecaminoso.

Un estudio reveló que, hoy en día, un gran porcentaje de estudiantes universitarios piensa que está bien (o sea, que no produce ningún sentimiento de culpabilidad) tener relaciones sexuales con una muchacha que les gusta mucho. Una cuarta parte de esos estudiantes han compartido una habitación con un miembro del sexo opuesto por tres meses o más. Si hace

20 años estos mismos jóvenes "liberados" hubieran participado en esa clase de comportamiento sexual, la mayoría de ellos hubieran tenido que enfrentarse a sentimientos de culpabilidad y remordimiento. Sin embargo, ahora son tranquilizados con una falsa sensación de seguridad por el hecho de que su comportamiento es "socialmente aceptable". Los sentimientos individuales de culpabilidad son, en parte, un resultado de las actitudes y los conceptos de moralidad colectivos, a pesar del hecho de que las normas de Dios son eternas, y no están expuestas a revisión o negociación. Como en los días de Noé, las leyes de Dios estarán siempre en vigor aunque el mundo entero las rechace.

Lo que estoy diciendo es que la conciencia es una facultad mental imperfecta. Hay ocasiones cuando nos condena por equivocaciones y debilidades humanas que no se pueden evitar; en otras, permanece en silencio frente a una maldad indescriptible.

¿   Si eso es así, ¿qué debo hacer con mi conciencia? ¿Debo no hacerle caso en absoluto? ¿No habla Dios por medio de esta facultad mental?

Vayamos a las Escrituras, para obtener las respuestas a estas preguntas. Se hace referencia directa a la conciencia en muchos pasajes a través de toda la Biblia. A continuación hay una lista de unas pocas de estas referencias:

- "conciencia débil", 1 Corintios 8:7

- "conciencia corrompida", Tito 1:15

- "conciencia sin ofensa", Hechos 24:16

- "limpia conciencia", 1 Timoteo 3:9

- "buena conciencia", Hechos 23:1; Hebreos 13:18

- "conciencia cauterizada", 1 Timoteo 4:2

- "el testimonio de nuestra conciencia", 2 Corintios 1:12

- "la aspiración de una buena conciencia hacia Dios", 1
  Pedro 3:21

Simplemente no podemos negar la existencia de la conciencia o la realidad de que el Espíritu Santo nos influye por medio de ella. Romanos 9:1 está relacionado con este punto, de manera especial, donde dice así: "Verdad digo en Cristo, no miento, y mi conciencia me da testimonio en el Espíritu Santo".

Otro pasaje de la Biblia que coloca a la conciencia en la perspectiva adecuada se encuentra en Romanos 2:14-15, que dice lo siguiente:

Porque cuando los gentiles, que no tienen ley, hacen por naturaleza lo que es de la ley, éstos, aunque no tengan ley, son ley para sí mismos, mostrando la obra de la ley escrita en sus corazones, *dando testimonio su conciencia, y acusándoles o defendiéndoles sus razonamientos* (énfasis agregado).

Aquí la tenemos en términos definidos. La conciencia es una realidad, y el Espíritu Santo hace uso de ella. Por otra parte, la conciencia ha mostrado ser insegura en ocasiones. Esta contradicción nos presenta un dilema difícil a los cristianos; debemos aprender a separar lo verdadero de lo falso, lo real de lo imaginario, lo bueno de lo malo. ¿Cómo podemos discernir, con seguridad, lo que le agrada y lo que no le agrada a nuestro Dios amoroso, cuando la voz que nos habla desde nuestro interior es impredecible?

¿ **Obviamente, usted no está sugiriendo que no le hagamos caso a nuestras conciencias en absoluto, ¿verdad?**

Por supuesto que no. Como hemos visto, muchas veces la conciencia es iluminada específicamente por el Espíritu Santo, y *no debemos* pasar por alto su dirección. Lo que he dicho hasta ahora podría darle nuevos argumentos a la persona que acostumbra justificarse por hacer lo que quiere. Sin embargo, mi propósito no es reducir la importancia de la conciencia, sino ayudarnos a interpretar su significado de manera más efectiva.

Los sentimientos de culpabilidad son una expresión de la conciencia que es un producto de nuestras emociones. Es un *sentimiento* de desaprobación que es enviado a la mente racional por lo que podríamos llamar el "departamento de las emociones". Dentro de ese departamento se encuentra el pequeño "comité interno de ética y moralidad", que continuamente revisa todas nuestras acciones y actitudes. Nada de lo que hacemos se escapa de su atención, y puede ser bastante convincente cuando observa una diferencia entre la forma en que son las cosas y cómo deberían ser. Sin embargo, su juicio de condenación (e incluso de aprobación) está sujeto a errores; este comité actúa bajo la influencia de prejuicios producidos por lo que ha visto y oído, y algunas veces se equivoca. Por eso, antes que el juicio del comité de ética y moralidad se acepte como la verdad, se tiene que probar dentro de otros dos "departamentos" de la mente. No se puede pasar por alto la sensación de condenación, pero tampoco se le debe permitir que permanezca irrefutable.

Por lo tanto, *un sentimiento de culpabilidad* se tiene que enviar al "departamento del intelecto" para su evaluación y confirmación. Allí se le somete a prueba conforme a criterios razonables: ¿Qué me recomienda mi pastor? ¿Cuál es mi opinión personal sobre si el comportamiento que está en duda es correcto o no? ¿Es razonable que Dios me declare culpable de lo que he hecho o pensado?

Y por supuesto, la norma suprema para evaluar la culpa debe ser la Biblia. ¿Qué dicen las Escrituras sobre el asunto? Si no se menciona directamente en la Palabra, ¿qué principio básico está implicado? De esta manera se evalúa la validez del sentimiento de culpabilidad según el proceso intelectual de la razón.

Habrá ocasiones en las que el sentimiento de culpabilidad se originará en el mismo intelecto, en vez de en las emociones. Supongamos que una persona está estudiando la Biblia y lee las palabras de Jesús: "Todos los mentirosos tendrán su lugar en el lago de fuego". Inmediatamente, recuerda las distorsiones que hizo en su declaración de impuestos, y las numerosas "mentiritas blancas" que ha dicho. El asunto es enviado instantáneamente al "departamento de las emociones" y surge el sentimiento de culpabilidad.

Pero hay una tercera división de la mente que tiene que revisar las decisiones de las emociones y el intelecto. Se llama el "departamento de la voluntad". Esta es una facultad mental vitalmente importante porque tiene que ver con las intenciones de la persona. Yo creo personalmente que no se debe considerar que un sentimiento de culpabilidad viene de Dios a menos que el comportamiento haya sido una expresión de desobediencia voluntaria.

Recuerde las palabras de Cristo, mientras agonizaba en la cruz y los soldados romanos que lo habían clavado allí se burlaban de él. Jesucristo los miró y dijo: "Padre, perdónalos". Nosotros podríamos preguntar: "¿Por qué no eran ellos culpables?", y escuchemos la respuesta del Señor: "Porque no *saben* lo que hacen". Jesús no consideró culpables a los autores del crimen más terrible de la historia porque estaban ignorantes de su maldad.

Es con gran consuelo que descanso en esa misma relación con Dios. Estoy seguro de que hay ocasiones cuando hago todo lo contrario a lo que él quiere que haga. En mi humanidad, con mi entendimiento limitado, no llego a la altura de lo mejor que él tiene para mi vida; pero creo que mi Padre misericordioso me juzga de acuerdo con la expresión de mi voluntad. Cuando él me ha dicho lo que exige de mí, y yo me niego a obedecerle, entonces soy culpable, sin ninguna excusa, delante de él.

Cuando somos verdaderamente culpables ante el Dios Todopoderoso, el sentimiento de culpabilidad será confirmado por los tres "departamentos" de la mente. En cierta forma, funcionan como un sistema de "frenos y equilibrios", en donde cada uno trata de que ninguno adquiera una supremacía perjudicial.

9

Interpretando las impresiones

¿ **Siempre que quiero conocer la voluntad de Dios sobre un asunto en particular, espero a que él me haga sentir de una manera positiva o negativa acerca de ello. ¿Es éste un método efectivo para discernir la "mente de Dios"?**

El comprobar la voluntad de Dios por medio de sentimientos o impresiones, siempre me recuerda del emocionante día en que, finalmente, completé mis estudios universitarios en la Universidad del Sur de California y me fue otorgado un doctorado. Mis profesores me estrecharon la mano y me felicitaron, y salí del recinto con el premio que había buscado con tanta diligencia. Ese día, cuando me encontraba en el auto, en camino hacia mi casa, expresé mi agradecimiento a Dios por haber bendecido mi vida de una manera tan evidente, y le pedí que me usara en cualquier forma que él quisiera. La presencia del Señor me parecía muy cercana mientras conversaba con él dentro de aquel pequeño Volkswagen rojo.

Entonces, mientras doblaba en una esquina (recuerdo todavía el lugar exacto), una fuerte impresión se apoderó de mí, la cual me comunicó este mensaje inconfundible: "Vas a perder a alguien muy cercano dentro de los próximos 12 meses.

Un miembro de tu familia morirá, pero cuando suceda, no te desanimes. Simplemente continúa confiando en mí y dependiendo de mí".

En vista de que yo no había estado pensando acerca de la muerte, ni en nada que explicara la aparición súbita de aquel presentimiento, esa idea espantosa hizo que me quedara asustado. Mi corazón latía un poco más fuerte mientras yo me preguntaba quién sería el que moriría y de qué manera. Sin embargo, cuando llegué a casa esa noche, no le conté a nadie la experiencia que había tenido.

Pasó un mes sin ninguna tragedia o pérdida humana. Dos y tres meses pasaron volando, y aún la mano de la muerte no había visitado a mi familia. Al fin, el aniversario de mi terrible impresión llegó, y pasó sin ninguna consecuencia. Ya hace más de diez años desde ese horrible día en mi auto, y no ha tenido lugar ningún acontecimiento catastrófico, ni en mi familia ni en la de mi esposa. La impresión resultó ser falsa.

Por medio de mi experiencia como consejero, y mis responsabilidades profesionales, que adquirí después, he aprendido que mi falsa impresión no fue algo extraordinario. Las experiencias similares son comunes, especialmente entre los que no se han adaptado bien a las dificultades de la vida.

Por ejemplo, una madre y esposa, de 30 años de edad, vino a verme en busca de tratamiento para una ansiedad y una depresión persistentes, que estaba padeciendo. Al contarme su historia, describió algo que le sucedió en el servicio de una iglesia, cuando tenía 16 años. Cerca del final del sermón, "oyó" este alarmante mensaje de Dios: "Juanita, quiero que mueras, para que otros vengan a mí".

Juanita quedó totalmente aterrorizada. Se sintió como que se encontraba en la horca, con la soga balanceándose en el aire, sobre su cabeza. Sobrecogida de pánico, saltó del asiento, y salió huyendo del edificio, sollozando mientras corría. Juanita pensó que revelar su impresión a alguien, sería cometer un pecado, así que guardó silencio. Durante 14 años ha esperado la ejecución de esta sentencia divina, preguntándose todavía cuándo llegará el momento final. Sin embargo, ella parece tener muy buena salud hoy, 14 años más tarde.

Por medio de este ejemplo, y muchos más, he llegado a ver la interpretación de las impresiones como un asunto peligroso, aun en el mejor de los casos.

¿Está diciendo usted que Dios no habla directamente al corazón, que todas las impresiones son falsas y no se puede confiar en ellas?

De ninguna manera. El propósito específico del Espíritu Santo es tratar con los seres humanos en una forma muy íntima y personal, convenciéndoles de pecado, dirigiéndoles y ejerciendo su influencia en ellos. Sin embargo, a algunas personas les parece muy difícil el distinguir la voz de Dios de entre otros sonidos en su interior.

¿Representan algunos de esos "otros sonidos" la influencia de Satanás?

Por supuesto que así es. Esa es la razón por la que en la Biblia se describe a Satanás en términos que lo muestran como un ser profundamente malvado, lo cual nos deja poco lugar para que dudemos de sus motivos o su naturaleza. Su carácter se presenta como perverso, maligno, astuto, engañoso, feroz y cruel. Se le muestra como un lobo, león rugiente y serpiente. Entre los títulos que se le atribuyen a Satanás se encuentran: "homicida", "dragón", "serpiente antigua", "maligno", "mentiroso", "príncipe de los demonios" y más de otros 20 nombres que describen una naturaleza incomparablemente malvada.

Estas descripciones bíblicas de Satanás tienen un propósito: nosotros deberíamos reconocer que el "padre de mentira" ha ganado su reputación a costa de los que ha arrastrado en su camino de condenación. Y no tengo ninguna duda de que con frecuencia él utiliza impresiones destructivas para llevar a cabo sus propósitos malvados.

¿ **Usted dijo que mientras oraba tuvo el presentimiento de la muerte inminente de uno de sus familiares. ¿Es posible que Satanás hable en medio de una oración ferviente?**

¿No fue tentado Jesús por Satanás cuando se encontraba en el desierto, orando y ayunando por 40 días?

Sí, el diablo puede hablar en cualquier momento. Permítame agregar algo muy importante: las impresiones perjudiciales pueden mostrar otras señales de revelación divina. Pueden ocurrir repetidamente por meses. Pueden ser tan intensas como cualquier otra emoción en la vida. Pueden ser confirmadas por otros hermanos cristianos, y hasta pueden ser corroboradas por algunas porciones sorprendentes de la Biblia.

¿ **¿Proceden de nosotros mismos, algunas de nuestras impresiones y sentimientos?**

En cierta forma, todos. Con esto quiero decir que todos nuestros impulsos y pensamientos son vulnerables a la condición física y la situación sicológica en que nos encontramos en un momento determinado. ¿No ha notado usted que sus impresiones son afectadas por la cantidad de horas que durmió la noche anterior, el estado de su salud, el nivel de su confianza en ese momento, y muchas otras fuerzas que influyen en la forma que usted toma sus decisiones? Nos encontramos atrapados en estos "vasos de barro", y no se puede evitar que nuestra percepción sea influenciada por nuestra naturaleza humana.

¿ **A veces me pregunto si mis impresiones no me dicen obedientemente, lo que más quiero oír. Por ejemplo, me sentí realmente guiado a aceptar un nuevo trabajo que ofrecía un sueldo más alto por menos horas de trabajo.**

Eso me recuerda al ministro que recibió una invitación para pastorear una iglesia mucho más fuerte y grande de la que jamás había soñado con dirigir. Él contestó: "Yo oraré mientras mi esposa hace las maletas".

Es muy difícil separar el "yo quiero" de nuestra interpretación de la voluntad de Dios. Muchas veces, la mente humana se convence obedientemente de cualquier cosa, con tal de salirse con la suya. Quizás el ejemplo más sorprendente, de esta clase de engaño de sí mismo, ocurrió con una pareja joven que había decidido tener relaciones sexuales antes de casarse, y después de hacerlo así me pidieron consejo. En vista de que los dos habían crecido en el ambiente de la iglesia, tenían que encontrar una manera de disminuir los sentimientos de culpabilidad por causa de este acto prohibido. Así que, antes de realizarlo, se pusieron de rodillas y oraron sobre lo que iban a hacer, y recibieron la "confirmación" de que estaba bien que siguieran adelante.

¿ Escuché a un hombre decir que había soñado que debía casarse con cierta mujer. ¿Todavía nos habla Dios hoy, por medio de los sueños?

No lo sé. Desde luego que él utilizó este método de comunicación en los tiempos del Antiguo Testamento; sin embargo, me parece que el uso de los sueños ha sido menos común desde el advenimiento del Espíritu Santo, porque el Espíritu fue enviado para ser nuestra fuente de iluminación. (Vea Juan 16.)

Incluso en los tiempos de antes, el profeta Jeremías llamó a los sueños "paja" cuando los comparó con la Palabra de Dios. Personalmente, yo no aceptaría un sueño como auténtico, sin hacer caso de qué tan realista haya parecido, hasta que su contenido fuera comprobado de otras formas.

¿ ¿Podría explicar qué es lo que usted quiere decir con tener "su contenido comprobado de otras formas"?

Lo que quiero decir es que la "orden" que me hubiera sido dada en un sueño tendría que ser confirmada por otras clases de información que yo recibiese. Por ejemplo, supongamos que sueño que soy llamado a ir al África como un médico misionero. Antes de empezar a hacer las maletas tendría en cuenta otros factores: ¿Estoy capacitado por mi entrenamiento, experiencia e intereses? ¿Ha habido algunas invitaciones directas u oportunidades que se me han presentado?

En el siglo diecinueve John Wesley escribió lo siguiente: "No se apresuren a atribuirle cosas a Dios. No crean fácilmente que los sueños, voces, impresiones, visiones o revelaciones vienen de Dios. Pueden venir de él. Pueden venir de la naturaleza. Pueden venir del diablo. Por lo tanto, 'no creáis a todo espíritu, sino probad los espíritus si son de Dios'".

¿ **Desde el punto de vista científico y sicológico, ¿cuál es el propósito de los sueños?**

Los sueños parecen tener dos propósitos básicos: reflejan el cumplimiento de deseos, dando expresión a las cosas que anhelamos; y en segundo lugar, sirven para desahogar la ansiedad y el estrés que sentimos durante las horas en que estamos despiertos. También sirven para mantenernos dormidos cuando estamos acercándonos a un estado consciente. Hoy en día, los sueños se están estudiando profundamente en laboratorios experimentales, aunque su naturaleza aún no se comprende muy bien.

¿ **Si lo que sentimos es tan inseguro y peligroso, ¿cómo podemos conocer la voluntad de Dios? ¿Cómo podemos reconocer la diferencia entre la dirección del Espíritu Santo y las influencias malignas y sutiles del mismo Satanás?**

Veamos las Escrituras para recibir un poco de aliento:

Acerca del poder de Cristo para ayudarnos en medio de la tentación:

"Pues en cuanto él mismo padeció siendo tentado, es poderoso para socorrer a los que son tentados"

Hebreos 2:18

Acerca del poder de Dios para hacernos saber su voluntad:

> *"Haciendo memoria de vosotros en mis oraciones, para que el Dios de nuestro Señor Jesucristo, el Padre de gloria, os dé espíritu de sabiduría y de revelación en el conocimiento de él, alumbrando los ojos de vuestro entendimiento, para que sepáis cuál es la esperanza a que él os ha llamado, y cuáles las riquezas de la gloria de su herencia en los santos, y cuál la supereminente grandeza de su poder para con nosotros los que creemos, según la operación del poder de su fuerza".*

Efesios 1:16-19

Acerca del poder de Dios sobre Satanás:

> *"Hijitos, vosotros sois de Dios, y los habéis vencido; porque mayor es el que está en vosotros, que el que está en el mundo".*

1 Juan 4:4

Acerca de la promesa divina de guiarnos:

> *"Te haré entender, y te enseñaré el camino en que debes andar; sobre ti fijaré mis ojos".*

Salmo 32:8

En una forma parafraseada, estos cuatro pasajes nos hacen las siguientes promesas:

1. Jesús fue tentado por Satanás cuando estuvo en la tierra, por lo tanto está plenamente capacitado para enfrentarse a Satanás en beneficio nuestro.

2. La "iluminación interna" y la "sabiduría espiritual" están a nuestra disposición por medio de Dios, que controla todo el universo.

3. La influencia de Satanás es contrarrestada por el poder omnisciente de Dios, que vive en nosotros.

4. Como un padre guía a su hijo que confía en él, nuestro Señor guiará nuestros pasos y nos enseñará su sabiduría.

Estos cuatro pasajes están apoyados por muchos más que prometen la dirección, el cuidado y el liderazgo de Dios en nuestras vidas.

¿ **Entonces, ¿cómo explica usted las experiencias de los cristianos que andan a tientas en la oscuridad y más tarde o más temprano tropiezan y se caen? ¿Cómo explica usted las ocasiones en que Satanás los hace caer en la trampa de creer sus mentiras y obrar de acuerdo con ellas?**

Las Escrituras dan su propia respuesta a esta pregunta inquietante. Se nos dice en 1 Juan 4:1:

"Amados, no creáis a todo espíritu,
sino probad los espíritus si son de Dios".

Un mandamiento igual a este nos es dado en 1 Tesalonicenses 5:21, donde dice:

"Examinadlo todo; retened lo bueno".

En otras palabras, tenemos la responsabilidad de poner a prueba y examinar todas las cosas, incluyendo la validez de nuestras impresiones. Hacer lo contrario es darle a Satanás la oportunidad para que nos derrote, a pesar del gran poder del Espíritu Santo que vive dentro de nosotros. No se nos habría dicho que pongamos a prueba a los espíritus si no hubiera ningún peligro en relación con ellos.

¿ ¿Por qué medios puedo "poner a prueba" mis propios sentimientos e impresiones? ¿Cuáles son los pasos necesarios para comprobar la voluntad de Dios?

La mejor respuesta que he leído a estas preguntas fue escrita en 1892 por Martin Wells Knapp. En su famoso librito titulado: *Impressions* [*Impresiones*] (Revivalist Publishing, 1892), él describe los impulsos y las instrucciones que vienen de Dios y las que tienen su origen en Satanás. De la misma manera que el Espíritu Santo puede decirnos por medio de impresiones cuál es su voluntad respecto a nosotros, también nuestros enemigos espirituales pueden decirnos por medio de impresiones cuál es la voluntad de ellos. Y por desgracia, muchas veces hay una semejanza sorprendente entre las dos clases de mensajes. Según Knapp, uno de los objetivos de Satanás es conseguir que el cristiano se apoye por completo en sus impresiones, aceptándolas sin reflexionar, como la genuina voz de Dios. Cuando ocurre esto, "el diablo ha conseguido lo que quiere".

Knapp recomienda que cuando estemos tratando de conocer la voluntad de Dios, cada impresión sea evaluada muy cuidadosamente para ver si refleja cuatro características distintivas:

Es bíblica. ¿Está la impresión en armonía con la Biblia? Dios *siempre* nos guía de acuerdo con las Sagradas Escrituras, y esto nos proporciona un punto de referencia y comparación que es infalible.

El aspecto más importante de esta primera prueba es que hay que usar *toda la Biblia* en vez de una selección de "textos de prueba", o "textos casuales". Un lector puede encontrar apoyo para casi cualquier punto de vista si saca versículos individuales o frases parciales fuera de contexto.

Es recta. Según Knapp, la segunda prueba a la que se deben someter las impresiones tiene que ver con la rectitud. Knapp dice: "Las impresiones que proceden de Dios son siempre rectas. Podrán ser contrarias a nuestros sentimientos, nuestros prejuicios y nuestras inclinaciones naturales, pero siempre son rectas. Pasarán todas las pruebas".

Conozco una familia que fue destruida por una impresión que no habría podido pasar la prueba de hacer esta pregunta: ¿Es recta? Aunque había cuatro hijos pequeños en el hogar, la madre se sintió "llamada" a dejarlos y dedicarse totalmente a la obra evangelística. Muy pronto abandonó a los hijos, que tenían mucha necesidad de ella, dejándolos al cuidado del padre que estaba muy ocupado trabajando seis o siete días a la semana.

Las consecuencias fueron terribles. El más pequeño se pasaba la noche despierto, llorando y llamando a la mamá. Los mayores tuvieron que asumir las responsabilidades de un adulto, para las que no estaban preparados. No había nadie en la casa para disciplinarlos, amarlos y guiarlos en su desarrollo. Simplemente no puedo creer que la impresión que esa madre tuvo fue de Dios, porque no era ni bíblico ni "recto" que abandonara a los hijos. Sospecho que ella tenía otros motivos por abandonar el hogar, y que para ocultarlos, Satanás le proporcionó una explicación que parecía noble.

Como dice Knapp: "Si a millones de impresiones se les exigiera responder a esta simple pregunta: '¿Eres recta?', las mismas se sonrojarían, no se atreverían a contestar, y finalmente se retirarían confundidas".

Es providencial. Al explicar la importancia de las circunstancias providenciales, Knapp cita a Hannah Whitall Smith, que escribió lo siguiente en su libro titulado: *The Christian's Secret of a Happy Life* [El secreto del cristiano para vivir una vida feliz]:

> Si es el Espíritu Santo el que está dirigiendo, "el camino se abrirá siempre". El Señor nos asegura esto cuando dice: "Y cuando ha sacado fuera todas las propias, va delante de ellas; y las ovejas le siguen, porque conocen su voz" (Juan 10:4). Preste atención a la expresión: "va delante" y "le siguen". Él va delante para abrir el camino, y nosotros debemos seguirle en el camino que ha sido abierto. Nunca es una señal de que Dios está guiando, cuando sin hacer

ningún caso de los obstáculos, un cristiano insiste en abrir su propio camino. Si el Señor va delante de nosotros él nos abrirá todas las puertas que estén por delante, y no tendremos necesidad de abrirlas a la fuerza.

Es razonable. El apóstol Pablo se refiere a la vida cristiana como un "servicio razonable". Por lo tanto, se puede esperar que la voluntad de Dios esté en armonía con un *entendimiento iluminado espiritualmente*. No se nos pedirá que hagamos cosas absurdas y ridículas que carecen de entendimiento y sentido común. Knapp dijo: "Dios nos ha dado la facultad de razonar con un propósito, y él la respeta, apela a ella, y siempre nos dirige en armonía con ella".

¿ **De los cuatro puntos de Knapp, el que tiene que ver con las "circunstancias providenciales" parece ser el más difícil de poner en práctica. ¿Podría dar usted un ejemplo?**

Personalmente he llegado a depender mucho de las circunstancias providenciales para que sean ellas las que me hagan conocer la voluntad de Dios. Mis impresiones me sirven solamente como "corazonadas", que me hacen prestar más atención a las evidencias concretas que me rodean. Por ejemplo, en 1970 mi esposa y yo pensamos que era prudente vender nuestra casa y comprar una que se ajustara mejor a las necesidades de nuestra familia que estaba creciendo. Sin embargo, hay muchos factores que uno tiene que considerar antes de dar un paso como ése. El estilo de vida, los valores y hasta la seguridad de la familia son influenciados por el vecindario en que la misma vive. Pensé que sería insensato el vender nuestra casa y comprar una nueva sin buscar que el Señor nos guiara de una manera específica.

Después de orar por aquella posibilidad, creí que debía poner la casa en venta sin contratar los servicios de ningún vendedor. Si se vendía, yo sabría que Dios me había revelado su dirección por medio de esta circunstancia providencial. Durante dos semanas tuvimos puesto en frente de la casa un letrero que decía: "Se vende", sin que nadie le prestara atención. No hubo ni una sola llamada de alguien que se interesara en la casa, y mi oración fue contestada negativamente.

Quité el letrero y esperé 12 meses antes de volver a hacerle la misma pregunta al Señor. Y en esa ocasión la casa se vendió por el precio que yo pedía, sin que tuviéramos que gastar ningún dinero en publicidad o en comisiones de venta. No tuve la menor duda de que el Señor tenía en mente otra casa para nosotros.

¿ **¿Cómo sabe usted que la venta de su casa no se explica por las circunstancias económicas, o simplemente por el hecho de que un comprador interesado pasó por allí? ¿Puede decir usted, sin ninguna duda, que Dios decidió el resultado?**

Los asuntos de fe nunca pueden ser comprobados; siempre habrán de ser "la certeza de lo que se espera, la convicción de lo que no se ve" (Hebreos 11:1). Sería imposible hacer que un escéptico reconociera que Dios influyó en la venta de mi casa, del mismo modo en que el mismo incrédulo dudaría de la experiencia de mi conversión cuando me volví cristiano. No fue el haber vendido mi casa, sin que se hubiera anunciado su venta, lo que me convenció de que Dios tuvo que ver con el asunto, fue el que yo de rodillas en oración le pedí que me guiara de una manera específica. Tengo motivos para creer que él cuida de mí y de mi familia, y me escucha cuando le pido que me guíe. Por lo tanto, mi interpretación de ese acontecimiento no está basada en los hechos, sino en la fe. Las experiencias espirituales *siempre* deben descansar sobre este fundamento.

¿ **¿Habrá ocasiones cuando un cristiano estará confundido en cuanto a la dirección en que el Señor le está guiando, a pesar de haber puesto en práctica los**

cuatro puntos de Knapp? ¿O siempre sabe el cristiano consagrado, exactamente, lo que Dios espera de él?

Su pregunta es una que muy raras veces se plantea en los libros que tratan acerca de la voluntad de Dios, y sin embargo, una con la que pienso que debemos enfrentarnos directamente. Creo que hay ocasiones en las vidas de la mayoría de los creyentes cuando predominan la confusión y la perplejidad. Por ejemplo, ¿qué sentiría Job cuando su mundo comenzó a derrumbarse? Los miembros de su familia murieron, su ganado fue exterminado, y él quedó lleno de llagas de pies a cabeza. Pero lo más inquietante de todo era su incapacidad para comprender el sentido espiritual de las circunstancias. Sabía que no había pecado, a pesar de las acusaciones de sus "amigos", sin embargo, debió haberle parecido que Dios estaba a un millón de kilómetros de él. En una ocasión él dijo: "¡Si supiera yo dónde hallar a Dios, para acudir a su trono y hablar con él allí!" (Job 23:3, La Biblia al Día). "Pero en vano trato de hallarlo. Lo busco por aquí, lo busco por allá, y no puedo hallarlo. Lo busco en donde realiza sus obras en el norte, y no lo encuentro allí; tampoco puedo hallarlo en el sur, donde también se esconde" (Job 23:8,9, La Biblia al Día).

¿Fue esta una experiencia exclusiva de Job? No lo creo así. Cumpliendo con mis responsabilidades de aconsejar a familias cristianas, he aprendido que también los creyentes sinceros y consagrados atraviesan por túneles y tormentas. Les causamos un daño tremendo a los nuevos cristianos cuando les hacemos creer que sólo los pecadores experimentan momentos de confusión y depresión en sus vidas.

Debemos recordar que Dios no es un genio sumiso que sale de una botella para hacer desaparecer cada prueba y obstáculo que se interponga en nuestro camino. Por lo tanto, él no ha prometido trazar un plano detallado para muchos años, que muestre todas las alternativas posibles en nuestro camino. En vez de eso, él nos ofrece su voluntad solamente para el día de *hoy*. Debemos encontrarnos con el futuro un día a la vez, dispuestos a vivir cada uno de esos días provistos de una porción abundante de fe.

¿ **¿Está diciendo usted que habrá momentos en la vida de un cristiano cuando puede ser que la voluntad y las acciones de Dios no tengan sentido para él?**

Sí, estimado amigo, y lamento que la enseñanza superficial de estos días niega esta realidad. En el libro de Isaías se nos dice: "Porque mis pensamientos no son vuestros pensamientos, ni vuestros caminos mis caminos, dijo Jehová" (55:8). Además, el apóstol Pablo confirma que nosotros "vemos por espejo, obscuramente". En términos prácticos, esto quiere decir que habrá ocasiones cuando la forma de obrar de Dios será incomprensible y desconcertante para nosotros.

¿ **Entonces, ¿debemos llegar a la conclusión de que habrá ocasiones cuando oraremos por conocer la voluntad de Dios, y sin embargo puede ser que no "escuchemos" una respuesta inmediata?**

Creo que así es, pero también estoy convencido de que Dios está tan cerca de nosotros y tan involucrado en nuestra situación durante esos momentos cuando no sentimos nada, como cuando estamos animados espiritualmente. Él no nos deja solos luchando por mantenernos en pie. Más bien, nuestra fe es fortalecida por esos períodos de prueba. La única actitud reconfortante, que se debe tener durante esas ocasiones llenas de tensión, se resume de una manera maravillosa en 2 Corintios 4:8-10:

Estamos acosados por problemas, pero no estamos aplastados ni vencidos. Nos vemos en apuros, pero no nos desesperamos. Nos persiguen, pero Dios no nos abandona nunca. Nos derriban, pero no nos destruyen interiormente. A cada rato este cuerpo nuestro se enfrenta a la muerte al igual que Jesús para que quede de manifiesto que el Jesús viviente que está en nosotros nos guarda (La Biblia al Día).

¿ Conozco muchas personas que toman sus decisiones financieras basándose en la astrología. Incluso los negocios que hacen están influenciados por sus horóscopos. ¿Quiere comentar usted sobre la práctica de la astrología, y decir si hay algunos hechos científicos que la respalden?

De todos los cambios sociales que han ocurrido durante los últimos años, ninguno revela más nuestra pobreza espiritual que la devoción a la astrología, que existe actualmente. Me he quedado asombrado de ver cómo esta creencia absurda ha sido aceptada, sin reflexionar, por personalidades de la televisión, políticos y millones de jóvenes. Incluso el ex presidente de Francia, Georges Pompidou, confesó en una conferencia de prensa que él consultaba a un astrólogo antes de dar discursos importantes o tomar decisiones concernientes a asuntos de estado.

¡Qué ridículo es pensar que Adolfo Hitler, la Reina Isabel, William Shakespeare y yo, vayamos a tener muchas cosas en común porque nacimos bajo el signo de Tauro! ¡Qué absurdo es suponer que el éxito de nuestros negocios, nuestra salud y hasta nuestras vidas sexuales, estén predeterminados por la posición de las estrellas y de los planetas en el día de nuestro nacimiento! Sin embargo, hay más de 10,000 astrólogos trabajando actualmente en los Estados Unidos, ofreciendo consejos sobre toda clase de asuntos, desde cuestiones de negocios hasta los detalles relacionados con la compatibilidad de un hombre y su perro.

No hay ni pizca de evidencia científica para sostener la validez de estas ideas ilógicas y ateas. En realidad, fue un astrólogo "omnisciente" el que le aconsejó a Hitler que atacara a Rusia, ¡su error más grande! Sin embargo, millones de creyentes consultan diariamente sus horóscopos para obtener la verdad y la sabiduría.

Por ejemplo, recientemente me presentaron a un famoso actor mientras esperábamos para aparecer en un programa de televisión. Mi esposa estaba conmigo para ver la entrevista, y el actor hizo un comentario acerca de su belleza. Le dijo:

"Apuesto a que usted es de Sagitario, porque la mayoría de las mujeres hermosas nacen bajo ese signo". Me asombró tanto lo necia que era aquella declaración, que me sentí obligado a poner en duda lo que él había dicho. Tratando de no insultar su inteligencia (lo cual fue difícil), le pregunté si él había hecho algún esfuerzo para confirmar su hipótesis. Le dije lo fácil que sería averiguar las fechas de nacimiento de cada una de las muchachas que se presentarían el próximo año en algunos concursos de belleza. Pronto me di cuenta de que la mejor manera para terminar una conversación con un astrólogo es comenzar a hablar de evidencias científicas.

En 1960, los astrólogos de todo el mundo anunciaron que la peor combinación de influencias planetarias en 25,000 años iba a ocurrir en ese año. ¡Siete de los nueve planetas aparecerían alineados, lo que significaba malas noticias para la Madre Tierra! Los adivinos de la India estaban aterrorizados, y los astrólogos norteamericanos predijeron desde el hundimiento de California en el océano Pacífico hasta el fin del mundo causado por un cataclismo. Pero, por supuesto, el día fatal llegó y pasó, sin que sucedieran más desastres que en cualquier otro día. Los astrólogos habían pasado por alto un hecho fundamental: que el destino del hombre no está controlado por los planetas. ¡Tanto el hombre como los cuerpos celestes están bajo la indiscutible autoridad del Dios Todopoderoso!

Cuando en la radio o la televisión son hechas predicciones astrológicas, frecuentemente los locutores repiten una advertencia, diciendo que ellos no están tratando de hacer que la gente crea seriamente en la astrología, sino que proveen los horóscopos para diversión y entretenimiento. ¿Qué le parece esto? ¿Es la astrología sólo un divertido pasatiempo? ¿Qué pasa con los millones de personas que diariamente dependen de las estrellas para que les provean de dirección y sentido en sus vidas? ¿No es mejor que esas personas crean en este mito a que no crean en nada? ¿Deberíamos favorecer una actitud tolerante hacia la astrología, o verla como una filosofía insidiosa a la que debemos oponernos dondequiera que nos sea posible?

Un siquiatra muy conocido declaró recientemente que él recomienda a sus pacientes que dependan de sus astrólogos, aunque él admite que científicamente sus predicciones no tienen ningún valor. ¡Estoy totalmente en desacuerdo! La astrología no es solamente un mito absurdo, sino que es peligrosa para los que aceptan sus dogmas. Algo que debe ser causa de seria preocupación es que ofrece un sustituto al juicio sano y a la prudencia. Por ejemplo, un hombre y una mujer pueden escoger a su cónyuge basándose en la compatibilidad de sus signos astrológicos, sin tener en cuenta las implicaciones de esa decisión, que durarán toda la vida. Otros dejan para luego algo que deberían hacer, o no lo hacen, porque el consejo que se les daba en su horóscopo decía: "No hagas nada". No hay manera de calcular la cantidad de decisiones importantes que se basan diariamente en las estrellas, causando, sin duda alguna, un profundo impacto en los asuntos de las familias, los negocios, y hasta de los gobiernos. ¡Qué arriesgado es decidir el destino de uno echándolo a cara o cruz con una insignificante moneda! La persona ingenua, que cree en la astrología, cambia su comprensión de los hechos, su sentido común y su experiencia, por las predicciones publicadas en una revista o periódico. Esa persona me recuerda a un hombre que se encuentra de pie cerca del borde del techo de un edificio de diez pisos, inclinándose confiadamente, sostenido por el fuerte viento que no lo deja caer. Aparentemente su cuerpo está bajo control mientras se balancea peligrosamente. Pero, tarde o temprano, la fuerza del viento va a disminuir, y súbitamente el hombre se vendrá abajo aterrorizado. Del mismo modo, el que confía en la astrología está apoyándose en algo irreal que no puede sostenerle firmemente. Tarde o temprano, cuando se vea acosado por circunstancias que le hagan sentir temor (lo que le sucede a todo el mundo), con desesperación, tratará de agarrarse de algo estable y firme. Pero encontrará muy poca ayuda en el mito y la superstición en que ha estado apoyándose. Por favor, créeme cuando le digo que personal y profesionalmente he conocido a individuos que han tenido esta terrible experiencia. ¡Qué diversión! ¡Qué entretenimiento!

¿ **¿Cuál cree usted que sea la razón de que muchas personas, muy educadas e inteligentes, están dispuestas a guiarse por sus horóscopos, cuando la astrología es tan carente de base e injustificable?**

Creo que hay varias respuestas a esa pregunta.

1. En años recientes se ha producido un tremendo vacío espiritual en las vidas de muchas personas que antes creían en Dios. Ahora que su Dios está muerto, están desesperadas buscando un sustituto que pueda darle un poco de significado y propósito a su vida.

   De acuerdo con esto, alguien ha dicho: "La superstición es el gusano que nace en la tumba de una fe muerta". En otras palabras, los seres humanos *tienen que* tener algo en qué creer, y en la ausencia de una fe verdadera en Dios, se deposita la confianza en supersticiones absurdas.

2. La astrología es la única "religión" que no impone ninguna obligación a sus adeptos. No tienen que ir a la iglesia, ni pagar diezmos, ni obedecer a nadie, ni cantar alabanzas, ni ser moral y honesto o sacrificarse por ella. Y, por supuesto, sus seguidores no necesitan llevar una cruz, ni morir por su causa.

   Todo lo que tienen que hacer es comprar diariamente el periódico, y leer y creer las palabras de sus autoelegidos sacerdotes. (O quizá pagar cierta cantidad de dinero por uno de esos horóscopos individuales, que se consideran mucho más importantes y están autografiados por una computadora.)

3. Sería imprudente el menospreciar la verdadera fuerza que está detrás del interés actual en la astrología, y que claramente es un instrumento de Satanás. Siempre que los astrólogos predicen acontecimientos con exactitud, lo

hacen como resultado de las revelaciones demoniacas del adversario más grande de Dios.

Esta no es sólo mi opinión personal sobre este tema, la cual no es muy importante. Sin lugar a dudas, es el punto de vista de Dios mismo, según lo expresa repetidas veces su Santa Palabra. Las siguientes cita de la Biblia sirven para resumir los mandamientos que Dios nos ha dado con respecto a la práctica de la astrología y la brujería:

Escucha la Palabra del Señor, oh Israel: No hagan como la gente que traza horóscopos y procura leer su destino y futuro en las estrellas. No los asusten predicciones como las de ellos, pues no son más que un cúmulo de mentiras.

Jeremías 10:1-3, (La Biblia al Día.)

Invoca las hordas de demonios que adoraste todos estos años. Pídeles que te ayuden a infundir nuevamente profundo terror en muchos corazones. Cuentas con montones de consejeros: tus astrólogos y contempladores de estrellas que procuran decirte qué guarda el futuro. Pero son tan inútiles como hierba seca que arde en el fuego. Ni a sí mismos pueden librarse. Ningún auxilio recibirás de ellos. Su fuego no puede calentarte. Y todos tus amigos de la infancia se desvanecerán y desaparecerán, incapaces de ayudar.

Isaías 47:12-15

COMENTARIO FINAL

Mi propósito al preparar este libro ha sido ofrecer consejos prácticos con respecto a problemas de la vida diaria. Por otra parte, he querido ordenar los asuntos de tal manera que las personas con necesidades o preocupaciones específicas los puedan encontrar fácilmente. Después de haber completado esa tarea en la forma de preguntas y respuestas, me gustaría concluir explicando por qué se pensó que un libro como éste era necesario y qué filosofía está detrás de las recomendaciones expresadas.

En siglos pasados, los adultos se enfrentaban solos a los problemas personales, la falta de confianza en sí mismos y sus momentos de malhumor y de depresión, sin la ayuda de consejos profesionales o de algún experto. Sin embargo, hoy en día, desde el advenimiento de la sicología, la gente ha ido apresuradamente a los "expertos", tales como siquiatras, sicólogos, educadores y expertos en autoayuda, en busca de respuestas a sus preguntas sobre las complejidades de la vida.

Está bien que ahora nos preguntemos: "¿Cuál ha sido el efecto de esta influencia profesional?" Uno esperaría que la salud mental de los norteamericanos fuera mucho mejor que la de las personas que viven en países donde no han disfrutado de esta clase de ayuda técnica, pero no ha sido así. El consumo de drogas, el alcoholismo, el aborto, las enfermedades mentales y el suicidio están extendiéndose mucho y continúan aumentando a un ritmo constante. Hemos convertido la vida en un verdadero desastre.

164 EL DOCTOR DOBSON CONTESTA SUS PREGUNTAS

Por supuesto, no voy a ser tan ingenuo como para echarles la culpa de todas estas desgracias a los malos consejos de los "expertos", pero creo que ellos han tenido parte en la creación del problema. ¿Por qué? *Porque en general, los científicos que se basan exclusivamente en observaciones y conceptos referentes a la conducta no han confiado en la ética judeo-cristiana, y han hecho caso omiso de la sabiduría contenida en esta inestimable tradición.*

Me parece que el siglo veinte ha producido una generación de profesionales que se han creído tan capacitados como para no necesitar hacer caso de conceptos llenos de sentido común, practicados durante más de 2000 años, y los sustituyeron por sus nuevas ideas inestables. Cada autoridad, escribiendo según su propia experiencia limitada, y reflejando sus propios prejuicios, nos ha suministrado sus opiniones y suposiciones como si fueran la verdad absoluta. Por ejemplo, un antropólogo escribió un artículo increíble en *The Saturday Evening Post*, de noviembre de 1968, titulado: "Los científicos tenemos el derecho a hacer el papel de Dios". El doctor Edmund Leach dijo:

> No puede haber otra fuente de estos juicios morales aparte del mismo científico. En la religión tradicional, la moralidad tenía su origen en Dios, pero solamente se le atribuía a Dios la autoridad para establecer reglas morales y para hacerlas cumplir, porque también se le atribuían poderes sobrenaturales para crear y destruir. Ahora esos poderes le han sido usurpados por el hombre, y debemos aceptar la responsabilidad moral que los acompaña.

Este párrafo resume los muchos males de nuestros días. Algunos hombres arrogantes, como Edmund Leach, han declarado que Dios no existe, y se han puesto a sí mismos en su lugar exaltado. Revestidos de esa autoridad, han proclamado sus opiniones ridículas al público con absoluta confianza. Por su parte, muchas familias desesperadas echaron mano de esas recomendaciones inútiles, que son como chalecos salvavidas agujereados que a menudo se hunden arrastrando hasta el fondo a las personas que los llevan puestos.

Estas falsas enseñanzas incluyen las ideas de que la disciplina es perjudicial, la irresponsabilidad es saludable, la instrucción religiosa es arriesgada, la rebeldía es una manera muy útil de desahogar la ira, todas las formas de autoridad son peligrosas, y así sucesivamente. En los últimos años, esta perspectiva humanista se ha vuelto más radical y anticristiana. Por ejemplo, una madre me dijo recientemente que trabaja en un proyecto de jóvenes que ha contratado los servicios de asesoramiento de cierto sicólogo. Él ha estado enseñándoles a los padres de los niños que son parte de este programa, que con el fin de que sus hijas crezcan con una actitud más sana hacia la sexualidad deben tener relaciones sexuales con ellas cuando tienen doce años de edad. Si esto le ha dejado boquiabierto, quiero que sepa que lo mismo me sucedió a mí. Sin embargo, es a esto a lo que nos lleva el relativismo moral; éste es el producto final de un esfuerzo humano que no acepta normas, ni honra valores culturales, ni reconoce absolutos, ni sirve a ningún "dios" aparte de la mente humana. El rey Salomón escribió de estos necios esfuerzos en Proverbios 14:12: "Hay camino que al hombre le parece derecho; pero su fin es camino de muerte".

Ahora bien, es verdad que las respuestas dadas a las preguntas que aparecen en este libro también contienen muchas sugerencias y perspectivas cuya validez no he tratado de demostrar. ¿Cuál es la diferencia entre mis recomendaciones y las que he criticado? La diferencia se encuentra en la *fuente* de las mismas. Los principios fundamentales expresados aquí no son mis propias ideas novedosas, que se olvidarían muy pronto. En vez de eso, se originaron con los escritores bíblicos inspirados, que nos dieron el fundamento para todo lo importante en nuestras vidas. Como tales, estos principios han sido transmitidos de generación a generación, hasta el día de hoy. Nuestros antepasados se los enseñaron a sus hijos, los cuales se los enseñaron a los suyos propios, manteniendo su conocimiento vivo para la posteridad. Ahora, lamentablemente, este conocimiento es puesto en duda enérgicamente en algunos círculos y totalmente olvidado en otros.

Por lo tanto, mi propósito al preparar este libro ha sido expresar con palabras la tradición y la filosofía judeocristianas respecto a la vida familiar en sus diferentes aspectos. Y ¿cuál es ese fundamento filosófico? Consiste del control por los padres de los niños pequeños, con amor y cuidado; una introducción razonable a la autodisciplina y a la responsabilidad; *liderazgo* de los padres teniendo en mente lo que es mejor para el niño; respeto a la dignidad y el valor de cada miembro de la familia; conformidad con las leyes morales de Dios; y un esfuerzo para llevar al máximo el potencial físico y mental de cada individuo desde la infancia en adelante. Esas son las reglas del juego.Si pudiéramos reducir por ebullición los objetivos antes mencionados hasta que solamente quedaran los ingredientes esenciales, los siguientes valores irrefutables permanecerían intactos:

1. La creencia en que la vida humana tiene un valor y una importancia incalculables en todas sus dimensiones, incluyendo a las personas que todavía no han nacido, los ancianos, los viudos, los retrasados mentales, los poco atractivos, los que tienen deficiencias físicas, y todos los que se encuentren en cualquier otra condición en la que se manifiesta la humanidad desde la concepción hasta la tumba.

2. Una dedicación inquebrantable a la institución del matrimonio como una relación permanente, es decir, que debe durar toda la vida, a pesar de las pruebas, las enfermedades, los problemas económicos o las tensiones emocionales que pudieran sobrevenir.

3. Una dedicación a la tarea de tener y criar hijos, incluso en un mundo patas arriba que menosprecia este privilegio procreador.

4. Una dedicación al principal propósito en la vida: llegar a tener vida eterna por medio de Jesucristo nuestro Señor,

comenzando con nuestras familias y luego alcanzando a una humanidad que sufre y que no conoce Su amor y Su sacrificio. Comparado con este objetivo supremo, no hay ningún otro esfuerzo humano que tenga verdadera importancia.

Estos cuatro aspectos de la perspectiva cristiana han sido atacados fuertemente en los últimos años, pero esta filosofía seguirá produciendo resultados mientras que haya padres e hijos viviendo juntos sobre la faz de la tierra. Por seguro, durará más que el humanismo y que los débiles esfuerzos de la humanidad para encontrar un método diferente.

ÍNDICE DE PREGUNTAS

10. Muchos niños salen de las escuelas convencidos de que son tontos. ¿Podría explicar por qué este ataque al valor personal afecta a tantos niños hoy en día? *22*

11. ¿Cree usted que las actitudes y reacciones de los padres desempeñan un papel principal en la autoestima de sus hijos? *24*

12. ¿Cuáles son algunos de los factores que impiden que los padres desarrollen la autoestima de sus hijos? *25*

13. ¿Cuál es la fuente de la autoestima? *26*

14. ¿Cuáles otras influencias, además de la belleza y la inteligencia, contribuyen al nivel de confianza en sí mismo del niño? *27*

15. ¿Qué valores sugiere que les enseñe a mis hijos en lugar de la belleza, la inteligencia y el materialismo? *29*

2. Desarrollando la autoestima en los niños

16. ¿Qué puedo hacer para ayudar a mi hija de nueve años de edad, a la cual le faltan la confianza y el respeto de sí misma? *31*

17. ¿Podría explicar con más detalles el proceso de la compensación? ¿Cómo se relaciona con los sentimientos de inferioridad? *32*

18. ¿Cuál es la mejor fuente de compensación para los niños varones en esta cultura? *35*

19. ¿De que manera puedo decidir, como padre, cuáles son las habilidades que mi hijo debiera desarrollar? ¿No debería ser él mismo quien tome esa decisión? *35*

20. ¿Qué sucede cuando un muchacho es tan diferente de los demás, que no puede competir con ellos, sin importar cuánto se esfuerce en hacerlo? *36*

21. ¿Está usted de acuerdo en que los adultos tienen la responsabilidad de intervenir cuando un niño está siendo atacado por sus compañeros? *37*

otro, una baja autoestima. Suponiendo que esto es cierto, ¿cuáles son las implicaciones *colectivas* de ese concepto inferior de sí mismo? *79*

46. ¿Por qué cree usted que un concepto inferior de sí mismas se encuentra tan extendido entre las mujeres en estos días? ¿Por qué es más común este problema ahora que en el pasado? *79*

47. Entonces, ¿la baja autoestima que algunas mujeres tienen, es influenciada enormemente por los mismos factores que las preocupaban cuando eran más jóvenes? *81*

48. ¿En qué forma es diferente la autoestima que los hombres tienen de la que las mujeres tienen, en relación con las influencias de la "belleza" y de la "inteligencia? *82*

49. A menudo, las bromas que mi marido hace acerca de mi cuerpo me hacen perder el interés en el sexo. ¿Por qué no puedo pasar por alto sus bromas aun cuando sé que él no tiene la intención de ofenderme? *82*

50. Nunca me he sentido atractiva para el sexo opuesto. ¿Explica esto porqué soy extremadamente modesta? *83*

51. ¿Qué papel desempeña la inteligencia en la autoestima de los adultos? *84*

52. ¿Puede usted explicar qué es lo que le sucede a una persona cuando se siente incapaz e inferior? *85*

53. ¿Por qué mi amiga se siente culpable y personalmente responsable de que su esposo la engañó y se fue con una mujer más joven? *86*

54. Conozco a una mujer que tiene un complejo de inferioridad terrible, y sin querer ahuyenta a otras personas. ¿Cómo puedo ayudarla, sin hacer que se sienta todavía peor acerca de sí misma? *87*

55. El siquiatra al que fui para tratamiento del problema de baja autoestima que tengo, no me ayudó, y además fue frío e indiferente conmigo. ¿Cómo trataría usted a un paciente que se encuentre en una situación como la mía? *88*

76. ¿Se parece la tensión premenstrual a la menopausia en cuanto a sus características emocionales? *115*

77. Cuando mi esposa sufre de tensión premenstrual, ¿por qué se pone aun más enojada cuando le digo que las cosas no están tan mal como parece? *116*

78. ¿Tienen una fluctuación emocional las mujeres que toman la píldora anticonceptiva? *117*

7. Una perspectiva cristiana sobre la ira

79. ¿Cómo puede esperarse de nosotros los cristianos que eliminemos de nuestras personalidades la ira, que es una reacción común? *119*

80. ¿Es pecaminosa toda clase de ira? *121*

81. ¿Es posible evitar todos los sentimientos de ira? *121*

82. ¿No adopta la Biblia una posición absoluta sobre el tema de la ira? *122*

83. ¿Bajo qué circunstancias es pecaminosa la ira, según su opinión? *122*

84. ¿Está diciendo usted que "tener razón", en cuanto a algún asunto, no justifica una actitud o un comportamiento equivocado? *123*

85. ¿Es la ira pecaminosa si nos la guardamos dentro y nunca la mostramos? *123*

86. ¿Puede armonizar usted el razonamiento científico de que se debe ventilar la ira, con el mandamiento bíblico que dice que todos debemos ser tardos para airarnos? *124*

87. Hice todo lo posible por ganarme la amistad de una vecina que no se lleva bien con nadie, pero un día ella tocó a la puerta principal y comenzó a insultarme por algo que había malinterpretado. Me sentí herida y reaccioné con irritación. Ahora me siento mal acerca del conflicto. ¿Cuál debió haber sido mi actitud? *126*